WEBDESIGN

 Os livros dedicados à área de *design* têm projetos que reproduzem o visual de movimentos históricos. As aberturas e títulos deste módulo, com elementos fragmentados, formas aleatórias, mistura de tipografia e estilos e brincadeiras visuais, relembram o design pós-moderno, muito forte nos anos 1980.

WEBDESIGN

Mônica Paz

Rua Clara Vendramin, 58 . Mossunguê . CEP 81200-170 . Curitiba . PR . Brasil
Fone: (41) 2106-4170 . www.intersaberes.com . editora@intersaberes.com

Conselho editorial
Dr. Ivo José Both (presidente)
Drª Elena Godoy
Dr. Neri dos Santos
Dr. Ulf Gregor Baranow

Editora-chefe
Lindsay Azambuja

Gerente editorial
Ariadne Nunes Wenger

Assistente editorial
Daniela Viroli Pereira Pinto

Preparação de originais
Mycaelle Albuquerque Sales

Edição de texto
Letra & Língua Ltda.
Mycaelle Albuquerque Sales

Capa
Charles L. da Silva (*design*)
Patty Chan/Shutterstock (imagem)

Projeto gráfico
Bruno Palma e Silva

Diagramação
Laís Galvão

Designer responsável
Luana Machado Amaro

Iconografia
Regina Claudia Cruz Prestes

Dados Internacionais de Catalogação na Publicação (CIP)
(Câmara Brasileira do Livro, SP, Brasil)

Paz, Mônica
 Webdesign/Mônica Paz. Curitiba: InterSaberes, 2021.
 Bibliografia
 ISBN 978-65-5517-927-9

 1. Design 2. Design - Estudo e ensino 3. Sites da Web - Desenvolvimento 4. Sites da Web - Projetos 5. Web design I. Título.

21-54757 CDD-004.607

Índices para catálogo sistemático:

1. Design na Web: Computadores: Estudo e ensino 004.607

Maria Alice Ferreira - Bibliotecária - CRB-8/7964

1ª edição, 2021.

Foi feito o depósito legal.

Informamos que é de inteira responsabilidade da autora a emissão de conceitos.

Nenhuma parte desta publicação poderá ser reproduzida por qualquer meio ou forma sem a prévia autorização da Editora InterSaberes.

A violação dos direitos autorais é crime estabelecido na Lei n. 9.610/1998 e punido pelo art. 184 do Código Penal.

Apresen-
tação

O webdesign é uma disciplina de interesse de diferentes cursos da economia criativa, como publicidade e propaganda, design e tecnologia da informação. Isso já constitui um indício de que se beneficia de conhecimentos advindos de diversas áreas.

Com base nessa premissa, abordamos, nesta obra, o webdesign sob essa ótica multidisciplinar, examinando conceitos e técnicas que perpassam várias áreas, possibilitando ao leitor uma visão geral sobre os tópicos, os processos e as tecnologias concernentes à produção de sites e de outras peças gráficas para a web. Isso tudo sem perder de vista os interesses dos estudantes de design, de quem se espera que concebam a web como âmbito de trabalho promissor.

Também contextualizamos o webdesign desde seu histórico, suas noções, suas tendências e suas tecnologias. Para tanto, dividimos a discussão em seis capítulos, adotando uma abordagem tanto conceitual quanto técnica, considerando práticas essenciais para o desenvolvimento de sites amigáveis e eficientes.

Por meio de exercícios práticos e da indicação de materiais (sites, projetos etc.), ao longo dos capítulos, convidamos o leitor a aprofundar seus conhecimentos sobre o webdesign e a internet como um todo.

No Capítulo 1, analisamos o ambiente web, conhecendo, assim, seu histórico e suas noções basilares, além das tendências do webdesign ao longo do tempo. Ainda, elencamos as habilidades esperadas do profissional da área, o webdesigner.

No Capítulo 2, explicamos a estrutura e os tipos de websites e o funcionamento da web, propiciando ao leitor um primeiro contato com a codificação, os modelos e os padrões técnicos que viabilizam a criação e a estruturação de sites e o bom funcionamento da web.

Destacamos a importância, sobretudo, da padronização das tecnologias voltadas para web, para que todos produzam sites diversos e compreendidos pelos navegadores de internet e, principalmente, pelos usuários.

No Capítulo 3, abordamos tópicos voltados ao aspecto mais criativo do webdesign, como fundamentos do design, cores, tipografia, fontes e imagens digitais. Dessa maneira, oportunizamos ao leitor conhecer a linguagem para atribuição de estilo às páginas da web e, com isso, aplicar conceitos de design à estrutura da página. Como o tema central é a criação artística, tratamos, ainda, de noções de propriedade intelectual e direito do autor, principalmente no que se refere ao uso de imagens em sites e outras peças gráficas.

No Capítulo 4, aprofundamos o estudo das técnicas para estruturação e aplicação de estilo às páginas web, tendo em vista as demandas provenientes da mobilidade. Afinal, com a intensificação do uso de dispositivos *mobile*, os sites e as peças gráficas precisaram adaptar-se às novas formas de consumo dos usuários da internet. Por isso, refletimos sobre o conceito de responsividade, ou de adaptação de sites para uso em qualquer dispositivo, de maneira teórica e prática.

No Capítulo 5, apresentamos as etapas de produção de um site, incluindo planejamento, criação de arte e diagramação, segundo uma metodologia que preza pela experiência do usuário e pela contemplação de suas necessidades, enfatizando aspectos da qualidade, como usabilidade, acessibilidade e comunicabilidade.

No Capítulo 6, instrumentalizamos o leitor com *softwares*, plataformas e repositórios que podem facilitar o processo de produção digital para a web. Para finalizar, apontamos serviços e processos necessários para a criação, a publicação e a manutenção de sites na internet.

Mesmo que o leitor não se interesse pela parte mais técnica da discussão, como os códigos nas linguagens HTML e CSS, reiteramos a necessidade do estudo atento, pois reconhecer as possibilidades e as limitações técnicas da web é imprescindível para fabricar as melhores soluções, adequando-as às necessidades do público-alvo e às especificações que visam padronizar e potencializar a experiência do usuário.

Cabe, por fim, destacar que, dada a amplitude da área, um livro não seria capaz de esgotar todas as suas possibilidades. Portanto, esta obra tem o intuito de estabelecer um contato inicial com o webdesign, que deve estar aberto à criatividade e necessita de constante atualização.

Como aproveitar ao
máximo este livro

Esta seção tem a finalidade de apresentar os recursos de aprendizagem utilizados no decorrer da obra, de modo a evidenciar os aspectos didático-pedagógicos que nortearam o planejamento do material e como você, leitor(a), pode tirar o melhor proveito dos conteúdos para seu aprendizado.

INTRODUÇÃO DO CAPÍTULO

Logo na abertura do capítulo, informamos os temas de estudo e os objetivos de aprendizagem que serão nele abrangidos, fazendo considerações preliminares sobre as temáticas em foco.

FIQUE ATENTO!

Ao longo de nossa explanação, destacamos informações essenciais para a compreensão dos temas tratados nos capítulos.

CURIOSIDADE

Nestes boxes, apresentamos informações complementares e interessantes relacionadas aos assuntos expostos no capítulo.

EXEMPLO PRÁTICO

Nesta seção, articulamos os tópicos em pauta a acontecimentos históricos, casos reais e situações do cotidiano a fim de que você perceba como os conhecimentos adquiridos são aplicados na prática e como podem auxiliar na compreensão da realidade.

IMPORTANTE!

Algumas das informações centrais para a compreensão da obra aparecem nesta seção. Aproveite para refletir sobre os conteúdos apresentados.

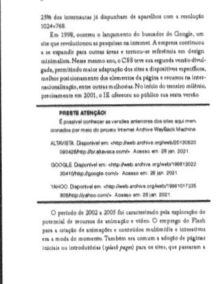

PRESTE ATENÇÃO!

Apresentamos informações complementares a respeito do assunto que está sendo tratado.

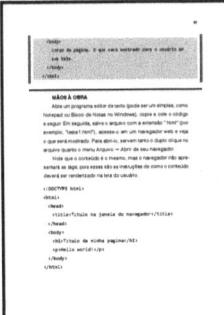

MÃOS À OBRA

Nesta seção, propomos atividades práticas com o propósito de estender os conhecimentos assimilados no estudo do capítulo, transpondo os limites da teoria.

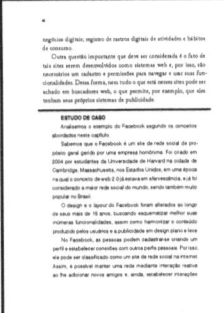

ESTUDO DE CASO

Nesta seção, relatamos situações reais ou fictícias que articulam a perspectiva teórica e o contexto prático da área de conhecimento ou do campo profissional em foco com o propósito de levá-lo a analisar tais problemáticas e a buscar soluções.

marekuliasz/Shutterstock

Capítulo 1

WEBDESIGN: HISTÓRICO E CONCEITOS IMPORTANTES

Nesta obra, examinaremos conceitos, técnicas e processos ligados ao webdesign, o que contemplará todo o processo de criação de um website, as noções que o subjazem e suas ferramentas.

Desde sua criação, em 1989, a web tem apresentado um potencial revolucionário e de constante inovação, impactando o cotidiano de milhares de pessoas conectadas à internet ao redor do mundo. De sua origem militar, passando pela era da presença e da comercialização *on-line*, ao *boom* das redes sociais, a web tem muitas histórias de sucesso e de obsolescência para ser contadas. Soma-se a isso o fato de distintas tecnologias terem se mesclado à rede para torná-la tão poderosa e versátil como a conhecemos. Esse contexto será nosso ponto de partida no estudo do design para a web (ou webdesign).

Neste primeiro capítulo, discutiremos a história da web e a do webdesign, bem como diversos conceitos importantes para a compreensão dos capítulos subsequentes. Além disso, analisaremos o funcionamento da web e conheceremos um pouco sobre o profissional chamado *webdesigner*.

1.1 Design e web: primeiros passos

Com a criação e a expansão da internet e das demais tecnologias digitais, uma área específica do design obteve bastante evidência: o webdesign. Para que você compreenda melhor esse conceito, abordaremos dois tópicos introdutórios: o webdesign como subárea do design e a relação entre web e internet.

Segundo Tai (2018, p. 26), design "é simplesmente a atividade profissional que envolve todo o processo de criação e desenvolvimento de produtos com o fim de atender às necessidades da população em favor de uma vida melhor e mais prazerosa". Contudo, vai além disso, abarcando o design de comunicação, o design de interiores e diversas outras especificações.

A respeito da comunicação, o design pode dividir-se em design de som e design visual. Uma das especializações do design visual é o design gráfico, que se desdobrou no **design digital** – responsável tanto pelo aspecto gráfico quanto pelo aspecto interativo de interfaces voltadas a dispositivos, como computadores, celulares, consoles de jogos etc. Quando o ambiente digital em questão é a web, entra em ação o webdesign.

Nesse âmbito, os princípios básicos do design entram em jogo considerando as particularidades desse meio de comunicação e dos dispositivos que o acessam. Por isso, devemos lembrar que, no webdesign, também vale a premissa da análise de pessoas, artefatos e processos para a **criação de soluções** atraentes e úteis.

Ademais, embora algumas pessoas tratem a internet e a web como sinônimos, isso não está correto. A internet é a rede mundial de computadores, que possibilita a conexão entre os mais diversos equipamentos e sistemas de informação. Por sua vez, a web é uma mídia que revolucionou o uso da internet, facilitando a navegação e a busca por documentos disponibilizados na rede.

A World Wide Web (WWW), também denominada *web*, foi criada pelo físico britânico **Tim Berners-Lee** em 1989. Explicando de modo geral, nesse espaço, quem tem um conteúdo o disponibiliza em sites de internet (usando JavaScript, bancos de dados etc.) e divulga seu Uniform Resource Locator (URL – isto é, o endereço do site). Com a ajuda de um navegador de internet, o usuário acessa o site e visualiza seu conteúdo, configurando-se, assim, a chamada *comunicação servidor-cliente* (sendo *servidor* a máquina na qual está hospedado o site, e *cliente,* a máquina do usuário). Com o tempo, os navegadores ficaram mais robustos, processando mais conteúdos e protocolos de comunicação, o que ajudou os sites atuais a tornarem-se mais interativos e atrativos.

Ainda, cabe destacar que não só as tecnologias ligadas à web (navegadores, linguagens, protocolos, padrões web etc.) evoluíram no decorrer dos anos. As exigências estéticas e a busca dos usuários de internet por praticidade ganharam foco no debate sobre design para interfaces digitais, perfilando o chamado **consumidor 2.0**. Por essa razão é que se investe tanto na **experiência do usuário** – em inglês, *user experience* (UX).

1.2 História da web

Nesta seção, conheceremos a história da web, a do webdesign e o conceito de web 2.0.

1.2.1 Criação da WWW

Como se sabe, a internet foi criada com o intuito de conectar computadores de forma descentralizada, auxiliando no compartilhamento de informações, principalmente entre organizações científicas que colaboravam em projetos militares. Com o advento de sua precursora científica e militar, a Advanced Research Projects Agency (Arpanet), em 1969, e com a fusão de algumas redes desenvolvidas no início da década de 1980 e que usavam a Arpanet como "espinha dorsal", nessa mesma época surgiu a internet, sendo mantida pelo Departamento de Defesa dos Estados Unidos e pela National Science Foundation (NSF). Na década de 1990, a internet expandiu-se entre centros de pesquisa e passou a ser explorada comercialmente, sendo então privatizada e, posteriormente, deixou de ser controlada por uma autoridade clara (Castells, 1999).

FIQUE ATENTO!

Para conhecer em detalhes a origem da internet, confira essa matéria do Tecmundo, a qual apresenta eventos relevantes ocorridos entre 1605 e 1989.

KLEINA, N. A história da internet: pré-década de 60 até anos 80 (infográfico). **Tecmundo**, 29 abr. 2011. Disponível em: <https://www.tecmundo.com.br/infografico/9847-a-historia-da-internet-pre-decada-de-60-ate-anos-80-infografico-.htm>. Acesso em: 28 jan. 2021.

Para facilitar a busca e a leitura, via internet, de documentos hospedados nos mais diversos computadores ao redor do mundo, Berners-Lee aplicou o conceito de hipertexto à conectividade da internet. Entende-se por *hipertexto* os documentos formados por vários elementos (textos, imagens e vídeos) relacionados por meio de hiperligações, ou *links*. Ao permitirem a navegação entre distintos documentos, os *links* atribuem ao hipertexto uma leitura não linear.

Como afirmamos, Berners-Lee foi o responsável pela criação, em 1989, da rede que, mais tarde, atingiria alcance global, a WWW – que, nesse momento, era apenas a proposta de um sistema descentralizado para a gestão de informação. Ele e sua equipe também projetaram as tecnologias necessárias para o funcionamento dessa rede: o servidor web, o navegador de internet, o protocolo de comunicação e navegação por websites, o Hypertext Transfer Protocol (HTTP – protocolo de transferência de hipertexto), o Uniform Resource Identifier (URI – identificador de recursos universal) e a linguagem para a estruturação de sites, a HyperText Markup Language (HTML – linguagem de marcação de hipertexto). Claro que, desde então, tudo foi aprimorado por diversas contribuições, visto a proporção atingida pela web (W3C, 2020).

A primeira grande divulgação pública da web ocorreu no evento Hypertext '91, em San Antonio, Texas, Estados Unidos (Tanenbaum, 2003). Já o primeiro site criado por Berners-Lee foi publicado em 1991 e hospedado pela Organização Europeia para a Pesquisa Nuclear (Cern), onde ele trabalhava na época. Seu intuito era o de explicar o que é a web e como criar as tecnologias necessárias para a utilização, a publicação e a navegação entre websites (W3C, 2020).

CURIOSIDADE

Não à toa Berners-Lee tem diversos cargos e títulos, com destaque para o Prêmio Turing de 2017, que é considerado o Nobel da computação, concedido-lhe pela criação da web, e o Prêmio Rainha Elizabeth de Engenharia de 2013, concedido-lhe pelo impacto inovador e global de suas contribuições à humanidade. Além disso, vem dedicando esforços em prol de uma internet mais livre, acessível e significativa, sendo até hoje influente sobre o futuro da web.

Vale a pena conhecer mais sobre essa personalidade. Para isso confira, respectivamente, a versão completa e/ou a resumida de sua biografia em:

W3C – World Wide Web Consortium. **Tim Berners-Lee**. 18 Sept. 2020. Disponível em: <https://www.w3.org/People/Berners-Lee/>. Acesso em: 28 jan. 2021.

TIM Berners-Lee. **Canaltech**. Disponível em: <https://canaltech.com.br/celebridade/tim-berners-lee/>. Acesso em: 28 jan. 2021.

Em 1994, Berners-Lee fundou o World Wide Web Consortium, também conhecido como *W3C*, com o objetivo de reunir organizações de todo o mundo para, juntas, desenvolver e recomendar padrões para uma web interoperável, ou seja, uma web utilizável por todos. Para tanto, o consórcio atua com padrões abertos, como especificações de linguagens e formatos de arquivos, *softwares* e ferramentas para "conduzir a World Wide Web para que atinja todo seu potencial, desenvolvendo protocolos e diretrizes que garantam seu crescimento de longo prazo" (W3C Brasil, 2021c). No Capítulo 2, veremos mais acerca do trabalho do W3C quando abordarmos os padrões para a web (*web standard*) e a web semântica.

FIQUE ATENTO!

Você sabia que o primeiro navegador de internet similar aos que conhecemos hoje foi o Mosaic, lançado em 1993? Antes dele, os navegadores usados eram apenas textuais. Além do Mosaic, você sabe quais outros vigoraram desde os princípios da web até o momento atual? NetScape, Internet Explorer, Opera, Mozilla Firefox?

Para conhecer mais sobre a história da internet no que concerne às suas tecnologias e ao tráfego global, acesse o infográfico interativo criado pela Google, em 2011, em homenagem aos três anos do navegador Chrome.

GOOGLE. **A evolução da web**. Disponível em: <http://evolutionofweb.appspot.com/>. Acesso em: 28 jan. 2021.

Nele, podemos acompanhar a *timeline* das tecnologias da internet, incluindo os navegadores web. Clicando sobre as logos dos navegadores, é possível ver versões antigas de suas interfaces gráficas e, clicando sobre os rótulos, aprender mais quanto a padrões e tecnologias como HTML, Cascading Style Sheets (CSS), "arrastar e soltar", "eventos de toque", entre outros.

Em 2019, a web completou 30 anos. Conforme Berners-Lee (citado por Matsuura, 2019), além de motivos para comemorar, há três problemas a serem resolvidos:

ações maliciosas deliberadas e intencionais, como ataques hackers e patrocinados por Estados, comportamento criminoso e assédio on-line; o sistema de "incentivos perversos", como os negócios baseados em anúncios que recompensam o "caça-clique" e a disseminação de informações falsas; e o tom "ultrajado e polarizado" e a qualidade do discurso on-line.

Contudo, como visto, essas questões têm mais a ver com os usos sociais, políticos e econômicos do que com o aspecto técnico da ferramenta e são um debate à parte na história da internet e da web.

1.2.2 História do webdesign

Agora que já conhecemos a história da criação da web, percorreremos um pouco da trajetória evolutiva dos sites e do webdesign, perpassando tendências de design, resoluções de tela, navegadores e tecnologias para a web, de acordo com dados da agência AmeriCommerce (2020).

No início da década de 1990, os primeiros sites eram totalmente textuais. Apenas em 1993 surgiu o primeiro site com imagens, que eram exibidas ao longo dele, como é o caso do Yahoo. Nessa época, os monitores apresentavam resolução de 640×480 e suportavam apenas 16 cores.

O primeiro *web browser*, ou navegador web, foi uma aplicação chamada *WorldWideWeb*, criada por Berners-Lee em 1990. Esse programa só rodava no mesmo tipo de computador no qual fora criado – uma máquina mais potente do que os equipamentos a que a maioria das pessoas tinha acesso na época. Por isso, em 1991, foi lançado o primeiro navegador web acessível. Esse navegador foi dito *acessível* por ser executável em outras máquinas, pois era mais simples e rodava em terminais de linha de comando (Line Mode Browser).

Como explicamos, o primeiro website foi publicado em 1991, elaborado por meio do uso de HTML (desenvolvida em 1990) e apresentava uma interface textual, assim como os sites criados nos anos seguintes.

IMPORTANTE!

Você pode conhecer o primeiro website graças ao Cern, que o mantém hospedado desde 2013 em:

CERN – Conseil Européen pour la Recherche Nucléaire. **Home of the First Website**. Disponível em: <http://info.cern.ch/>. Acesso em: 28 jan. 2021.

Mais do que isso: você pode acessá-lo usando uma simulação dos primeiros navegadores da época. Isso é possível por meio da escolha de opções via linha de comando ou duplo clique nos *links*.

- Para ver a simulação criada em 2019 do WorldWideWeb, acesse:

CERN – Conseil Européen pour la Recherche Nucléaire. **WorldWideWeb Rebuild**: 2019 Rebuilding of the Original NeXT Web Browser. 2019. Disponível em: <https://worldwideweb.cern.ch/>. Acesso em: 28 jan. 2021.

- Para ver a simulação criada em 2013 do Line Mode Browser, acesse:

CERN – Conseil Européen pour la Recherche Nucléaire. **Line Mode Browser 2013**: Revisiting the First Universally Acessible Web Browser. 2013. Disponível em: <https://line-mode.cern.ch/>. Acesso em: 28 jan. 2021.

Em 1993, surgiu o Mosaic, o primeiro navegador web com a capacidade de apresentar textos e imagens e com uma interface gráfica mais próxima das empregadas na atualidade. O Mosaic foi a base para o lançamento, em 1994, de um *browser* mais poderoso, o Netscape Navigator, que influenciou tanto os sites a ponto de estes começarem a exibir a mensagem "melhor visto no Netscape".

O período que compreende de 1994 a 1997 foi marcado pela proliferação do uso de cores, já que os monitores passaram a suportar 256 tonalidades e a resolução de 800×600. Também se tornaram comuns o uso de fontes serifadas, como a Times New Roman e a Courier New, a aplicação de imagens no plano de fundo, os ícones e os botões coloridos com efeito 3D.

Nesse período, a web foi muito explorada por empresas como canal de publicidade, cujos anúncios almejavam atrair a atenção dos usuários por meio de práticas muito disruptivas, com excesso de cores e efeito intermitente, por exemplo. Uma dessas práticas concerne ao *pop-up*, criado em 1997 e usado pela primeira vez no site Tripod.com. Anos depois, conforme artigo publicado pela NBC News (Pop-up..., 2014), seu criador desculpou-se em razão do uso abusivo que o mercado fez dessa ferramenta.

Em 1995, foi lançado o primeiro buscador web, o AltaVista, que facilitou a busca associativa por sites. Somaram-se à lista de navegadores web o Opera Browser, que surgiu em 1994, e o Internet Explorer (IE), que emergiu em 1995. O ano de 1995 também se caracterizou pelo conteúdo dinâmico das aplicações web, que permitiram a criação de formulários de cadastro e de livros de visita (*guestbooks*) para a contribuição dos usuários com dados e conteúdos em sites e sistemas. Assim, dinamismo e interações foram impulsionados com a construção das linguagens Personal Home Page (PHP), Ruby e JavaScript.

Já em 1996, houve destaque para o lançamento do site Yahoo e do CSS, as chamadas *folhas de estilo*, que possibilitaram novas formas de aplicação de *layout* e design aos sites. O CSS é uma das chaves para a chamada **tableless**, técnica de construção e posicionamento de elementos em um *layout* de site sem a necessidade de utilização de tabelas. O uso de tabelas poluía o código HTML, dificultando a sua manutenção, o qual perdurou até meados dos anos 2000, mesmo não sendo considerado uma boa prática pela W3C. Ainda em 1996, o Macromedia Flash (comprado pela Adobe em 2005) foi lançado, viabilizando a criação de aplicações e jogos multimídia e deu início, em alguns anos, à era das animações na web.

Essa época, no entanto, não se resumiu às transformações citadas. Em 1997, a internet bateu a marca de 100 milhões de usuários conectados. Na sequência, de 1998 a 2001, os sites continuaram a expansão da oferta de conteúdo, o que acentuou a preocupação com a arquitetura da informação, ou seja, como esse conteúdo seria organizado, acessado e catalogado. Por isso, ferramentas de navegação, como os menus, adquiriram relevância.

Além disso, os *layouts* divididos em blocos reduziram a quantidade de texto mostrada em subpáginas, e as tendências de design centraram-se no uso de cores primárias e gradientes em fundos de sites, para destacar os diferentes blocos de conteúdo, bem como no efeito de ondulação de página (*page curl*), que dava a impressão de que o canto da página era dobrado, mostrando parte da folha seguinte.

Nessa conjuntura, os monitores com resolução 800×600 ainda eram os mais usados pelos usuários de internet, mas, a partir de 2000,

25% dos internautas já dispunham de aparelhos com a resolução 1024×768.

Em 1998, ocorreu o lançamento do buscador do Google, um site que revolucionou as pesquisas na internet. A empresa continuou a se expandir para outras áreas e tornou-se referência em design minimalista. Nesse mesmo ano, o CSS teve sua segunda versão divulgada, permitindo maior adaptação dos sites a dispositivos específicos, melhor posicionamento dos elementos da página e recursos na internacionalização, entre outras melhorias. No início do terceiro milênio, precisamente em 2001, o IE ofereceu ao público sua sexta versão.

PRESTE ATENÇÃO!

É possível conhecer as versões anteriores dos sites aqui mencionados por meio do projeto Internet Archive WayBack Machine.

ALTAVISTA. Disponível em: <http://web.archive.org/web/20130620090428/http://br.altavista.com/>. Acesso em: 28 jan. 2021.

GOOGLE. Disponível em: <http://web.archive.org/web/1998122230410/http://google.com/>. Acesso em: 28 jan. 2021.

YAHOO. Disponível em: <http://web.archive.org/web/19961017235908/http://yahoo.com/>. Acesso em: 28 jan. 2021.

O período de 2002 a 2005 foi caracterizado pela exploração do potencial de recursos de animação e vídeo. O emprego do Flash para a criação de animações e conteúdos multimídia e interativos era a moda do momento. Também era comum a adoção de páginas iniciais ou introdutórias (*splash pages*) para os sites, que passaram a apostar na adaptabilidade e no oferecimento de funcionalidades aos seus usuários.

Em 2003, na esteira da chamada *web 2.0* e das redes sociais na internet (que examinaremos melhor nas seções seguintes), foram lançados o Facebook e o MySpace, além da então plataforma para a criação de *blogs* WordPress. Em 2004, o navegador de código aberto (*open-source*) Firefox emergiu com o desafio de concorrer com o IE, que era o mais popular entre os navegadores.

A produção de conteúdos em vídeo cresceu em decorrência da melhoria da velocidade e da largura de banda de internet. Foi seguindo essa tendência que o YouTube foi lançado em 2005, sendo comprado pela Google em 2006, visto que essa empresa não conseguia emplacar sua própria plataforma, o Google Vídeos. Esse período também foi marcado pela predominância das máquinas de 4 ou 32 bits com capacidade de 16 milhões de cores e dos monitores com resolução 1024×768 ou maior, já que a resolução 640×480 foi descontinuada em 2005.

Entre 2006 e 2009, o chamado *skeuomorphic design* e a confecção de vídeos estavam em alta. O termo *esqueumorfismo* refere-se à criação de arte por meio da relação entre objetos e seus similares no mundo real, ou seja, à criação de metáforas visuais para facilitar o aprendizado sobre o uso de interfaces gráficas – o ícone de lixeira representando a remoção de arquivos é um bom exemplo disso. Também eram muito frequentes o uso do design de longa rolagem (*long scrolling*) e a aplicação de sombras projetadas (*drop shadow*). Do mesmo modo, cresceu a requisição por bancos de imagens, tão usadas no design da época.

Em 2007, emergiram o primeiro *mobile browser*, o Safari Mobile, e o primeiro iPhone pela Apple Inc., o qual viria a revolucionar (e até mesmo redefinir) o conceito de telefone celular. No ano seguinte, foi publicado o primeiro rascunho funcional da HTML5, cujo lançamento oficial data de 2011 e teve como missão oferecer mais possibilidades para o consumo multimídia, web semântica, entre outros avanços. Nesse ano, o Google lançou o navegador Chrome, que alcançou sucesso instantâneo, tornando-se o mais usado mundialmente, por entregar um design minimalista, rapidez e maior integração com os serviços do Google.

Se, no período anterior, o **design responsivo** (*responsive design*) já havia ganhado relevância, de 2010 a 2014 ele se tornou imperativo, principalmente em razão da profusão de *smartphones* e de outros dispositivos móveis. Por isso, os sites precisavam ser fluidos e adaptar-se aos mais diversos tamanhos de tela.

O esqueumorfismo começou a perder força, ao passo que foi dado maior destaque ao design plano (*flat design*) e ao minimalismo, com o uso de elementos simples, como tipografia e cores planas, e a diminuição de estilos como sombras, bordas e gradientes. Para Teles (2016), o *flat design* visa tornar o ambiente mais limpo (*clean*), focando no desempenho do usuário. Ademais, intensificou-se o uso de animações feitas em JavaScript e GIFs, além da quebra do padrão de rolagem estática (*static scrolling*) com o efeito de parallax, que confere a sensação de profundidade a imagens 2D por meio do deslocamento mais lento dos elementos de fundo.

> **EXEMPLO PRÁTICO**
>
> Confira um bom exemplo de uso de animações e efeito parallax em:
>
> BOY-COY. Disponível em: <http://boy-coy.com/#home>. Acesso em: 28 jan. 2021.

No início de 2010, 75% dos usuários de internet já estavam navegando pela web usando monitores com resolução maior do que 1024×768 e, até 2014, a resolução 1152×864 alcançaria o posto de mais popular.

Em 2010, o setor de navegadores era dominado por cinco: Firefox, Chrome, IE Safari e Opera; contudo, os dois primeiros foram os que mais investiram em atualizações nos quatro anos seguintes.

Em 2011, a mais atual das versões do CSS foi lançada, o CSS3, e, assim como a HTML5, ofereceu mais liberdade de design, com opções de formatação de textos, sombras, bordas, planos de fundo (*backgrounds*) e animações. Desse modo, já não havia mais espaço para o Flash.

> **EXEMPLO PRÁTICO**
>
> O projeto Zen Garden é um site de conteúdo colaborativo cujo objetivo é apresentar o potencial do CSS de auxiliar na criação de belos designs. No *link*, é possível conferir cerca de 200 designs.
>
> CSS ZEN GARDEN. Disponível em: <http://www.csszengarden.com/>. Acesso em: 28 jan. 2021.

Em 2015, associado ao Windows 10, a Microsoft lançou seu novo navegador web, o Microsoft Edge, em substituição ao IE, cujo número de usuários estava em crescente declínio desde 2012 – em decorrência também de suas inúmeras falhas de segurança –, quando perdeu a liderança entre os internautas para o Chrome (Statcounter, 2020).

Atualmente, os navegadores mais populares são o Chrome, com 6% da participação do mercado (*market share*), e o Safari, com 17%, segundo dados coletados entre junho de 2019 e julho de 2020 (Statcounter, 2020). Esse mercado, porém, já foi mais agitado e competitivo.

A expressão **guerra dos navegadores** faz referência à disputa técnica e comercial iniciada entre Netscape e IE pela popularidade entre os usuários de internet durante os anos de 1996 e 1998. Nesse ínterim, era comum os sites apresentarem alertas como "melhor visto no Netscape" e "melhor visto no Internet Explorer", pois não havia padronização entre navegadores. Buscando atrair a atenção, cada um deles anunciou várias novas funcionalidades, o que também resultou em diversos novos erros (os *bugs*). O IE, no entanto, ganhou vantagem por ser o navegador web padrão do sistema operacional Windows, que, por muitos anos, foi o mais popular no mercado. O navegador Netscape, que era de uma empresa independente, foi comprado pela America Online (Aol) em 1998, sendo descontinuado em 2008 (Tanenbaum, 2003). Antes disso, a Aol forneceu seu código-fonte à Mozilla Foundation, que lançou o Firefox em 2004, iniciando a chamada **segunda guerra dos browsers**.

PRESTE ATENÇÃO!

Conheça os números da guerra dos *browsers* em gráficos! Para acompanhar as estatísticas de participação no mercado dos navegadores de internet (ao longo dos anos, por plataforma e por região), visite:

STATCOUNTER. **Browser Market Share Worldwide**: Dec 2019 – Dec 2020. 2020. Disponível em: <https://gs.statcounter.com/browser-market-share>. Acesso em: 28 dez. 2020.

No mesmo site, também é possível visualizar graficamente o *market share* de sistemas operacionais, mecanismos de busca, mídias sociais, dispositivos e orientação de tela.

Uma pesquisa da União Internacional de Telecomunicações (UIT) apontou que 51% da população mundial estava conectada à internet em 2019, o que corresponde a um total de 3,9 bilhões de pessoas (Pezzotti, 2019). No Brasil, em 2019, o número de usuários de internet atingiu a marca de 134 milhões de pessoas, ou seja, 74% da população. Valente (2020) ressalta, no entanto, que há diferenças de uso quando consideramos os fatores idade, gênero, localidade, raça e renda.

PRESTE ATENÇÃO!

Para conhecer mais dados quantitativos sobre a internet no Brasil, confira a pesquisa TIC Domicílios, realizada desde 2015 pelo Comitê Gestor da Internet no Brasil (CGI) por meio do Centro Regional de Estudos para o Desenvolvimento da Sociedade da Informação (Cetic).

O objetivo desse estudo é "mapear o acesso às TIC nos domicílios urbanos e rurais do país e as suas formas de uso por indivíduos de 10 anos de idade ou mais". Para tanto, a pesquisa investiga: "acesso às TIC; uso do computador; uso da Internet; habilidades na Internet; uso do celular; governo eletrônico; comércio eletrônico; atividades culturais na Internet".

CETIC – Centro Regional de Estudos para o Desenvolvimento da Sociedade da Informação. **TIC domicílios**. Disponível em: <https://cetic.br/pt/pesquisa/domicilios/>. Acesso em: 28 jan. 2021.

Ao longo desses anos, muitas categorias de *layouts* ganharam e perderam popularidade, quais sejam:

- os *layouts* de duas ou três colunas, muito utilizados em *blogs* pessoais e sites institucionais;
- o *magazine*, que é usado por veículos de comunicação que precisam de muitas categorias de matérias e outros recursos, incluindo um carrossel de notícias e imagens em destaque;
- os *layouts* em grade (*grid*) e em blocos largos (*wide blocks*), que favorecem a interação *mobile*;
- o de página única (*one page*), que explora a prática da rolagem infinita e tem sido muito usado recentemente no mundo empresarial.

Considera-se que, a partir de 2018, uma nova geração de webdesign entrou em marcha, sendo altamente influenciada pela profusão de dispositivos móveis, pela realidade aumentada (Ford; Wiedemann, 2019) e, até mesmo, pela inteligência artificial. A tônica é proporcionar uma experiência enriquecedora e valores ao usuário, que é o centro dos projetos.

Toda essa expansão em números de usuários conectados e toda a evolução em termos de design devem-se, em parte, às facilidades trazidas pela web e por tecnologias relacionadas. Diante disso, cabe ao webdesigner acompanhar as projeções de tendências futuras no mercado da internet, conciliando funcionalidade, usabilidade e estética.

1.2.3 A era da web 2.0

Um período da história da web que carece de um olhar em especial é a chamada *web 2.0*. Embora esse termo tenha caído em desuso, uma vez que já não é mais novidade, é importante entender seu significado e suas implicações.

Desde os anos 1990, diversas organizações e pessoas vêm exercendo sua presença *on-line* lançando sites institucionais, lojas virtuais, *blogs*, bem como criando modelos de negócios ligados à internet, como infraestrutura, desenvolvimento de aplicativos, de serviços e *e-commerces*. Ao final dessa década, muitas empresas da **era ponto.com** estavam com ações em alta no mercado de investimentos de risco; contudo, não obtiveram os lucros previstos, afugentando inúmeros investidores. Foi a chamada ***bolha da internet***, que estourou no início dos anos 2000 e ocasionou a falência de muitas empresas de tecnologia. Segundo Guilherme e Agrela (2020), as empresas restantes demoraram para recuperar o patamar ocupado anteriormente ou sequer o atingiram de novo.

No contexto do webdesign, é pertinente saber que o rompimento dessa bolha também foi um marco. Com o passar do tempo, os sites começaram a apresentar evoluções em termos de interatividade e de recursos técnicos interativos, promovendo maiores possibilidades nas relações entre usuários-usuários e usuários-conteúdos. Foi então que o empresário, dono de uma editora reconhecida na área da computação, **Tim O'Reilly**, em 2004, usou o termo *web 2.0* pela primeira vez, para descrever o novo contexto de exploração, por parte dos sites, da web. Para O'Reilly (2005), tal cenário começou a se destacar após o referido estouro, constituindo um verdadeiro ponto de virada para a web.

Paz (2010, p. 30), entretanto, afirma que é importante perceber que

> a noção de Web 2.0 [...] não é exatamente consensual, sendo alvo de várias críticas, como as relativas à denominação e a seu caráter técnico. Apesar de fazer alusão a uma possível nova versão da web, este termo não implica o lançamento de outra web, com novas especificações e protocolos. O que compõe o fenômeno social sugerido sob a ideia de Web 2.0 é uma mudança no paradigma de uso e desenvolvimento de sistemas para a web, pois esta passa a ser vista como uma plataforma para serviços diversos, e não apenas para os serviços tradicionais, marcados pelos sites comerciais etc.

Então, analisando uma gama de sites e os modelos de negócios neles desenvolvidos, O'Reilly (2005) apresentou o que chama de "os sete princípios da Web 2.0", a fim de, assim, tentar unificar o verdadeiro significado do termo, cunhado para descrever o fenômeno sociotécnico observado com o passar dos anos 2000. São eles:

1. Uso da web como plataforma para criação das mais diversas soluções para sites e sistemas de informação, empregando-se o modelo no qual o *software* é entregue como serviço, e não como produto.
2. Aproveitamento da inteligência coletiva, ou seja, contribuição dos usuários para criação de conteúdos, categorização, recomendações e avaliação, pois cada pessoa pode assumir os papéis de mídia e coprodutor.
3. Gerenciamento de banco de dados pelas aplicações, que, além de manipularem os conteúdos gerados pelos consumidores, conferem-lhes valor inestimável, como é o caso de dados demográficos, localização, preferências de consumo etc.
4. Mudanças no modelo de desenvolvimento e no ciclo de lançamentos de *software*, que passam por constante evolução (a versão "beta perpétua") para atender às demandas do mercado e conceber o próprio usuário como um "codesenvolvedor".
5. Adoção de modelos ágeis de modelagem, desenvolvimento e interface, além da criação de aplicações derivadas (via Interface de Programação de Aplicações – API) e remixagens.
6. Produção de *softwares* independentes da plataforma, ajustando-se à proliferação de dispositivos conectados à rede.
7. Promoção de experiências enriquecedoras para o usuário, que se torna o foco das soluções desenvolvidas, recebendo praticidade e interatividade.

Por isso, o termo *web 2.0* tornou-se sinônimo de web em uma fase colaborativa e interativa, caracterizando um fenômeno de caráter sociotécnico, com o surgimento de novos modelos de negócio, sempre apontando para a interatividade, o conteúdo produzido pelo consumidor e as tecnologias mais interativas.

Quanto aos paradigmas de interação entre usuários e plataformas, surgiu o chamado WYSIWYG, acrônimo em inglês para *What You See Is What You Get*, ou seja, "o que você vê é o que você obtém" (OQVVEOQVO). Esse paradigma diz respeito ao tipo de interface de edição gráfica cujo intuito é facilitar a postagem e a edição de conteúdo, eximindo os usuários do dever de conhecer a codificação relativa ao resultado final. Dessa forma, é possível escrever e formatar páginas de forma gráfica sem precisar editar o código HTML, o CSS etc.

Essa evolução dos sites da web 2.0 constituiu mais uma etapa na evolução das interfaces gráficas (que veremos em outro capítulo) e foi acompanhada pela ascensão do fenômeno dos sites de redes sociais na internet e da navegação móvel.

1.2.4 Redes sociais na internet

A princípio, é importante frisarmos que as redes sociais não são um fenômeno inventado na internet. Esse é um conceito caro às ciências sociais e um debate que aconteceu ao longo de todo o século XX, decorrente de uma mudança de visão dos estudos da área, que passaram a entender a sociedade e as relações entre as pessoas como uma rede, na qual tudo está relacionado (Recuero, 2009). Acerca disso, Martino (2015, p. 55) explica:

> Redes sociais podem ser entendidas como um tipo de relação entre seres humanos pautada pela flexibilidade de sua estrutura e pela dinâmica entre seus participantes. [...] Nas redes, por sua vez, os laços tendem a ser menos rígidos.

Em geral, são formados a partir de interesses, temas e valores compartilhados, mas sem a força das instituições [como famílias e religiões] e com uma dinâmica de interação específica.

Portanto, as redes sociais são caracterizadas, principalmente, pela flexibilidade, pela dinâmica e, ainda, pelo aspecto relacional.

A **flexibilidade** é referente ao fato de que os vínculos formados pelas pessoas nessas redes podem ser transformados de forma rápida, sendo dependentes do momento e das necessidades de seus participantes. Dessa forma, tais vínculos podem ser criados e rompidos, ou seja, transformados repentinamente a depender da dinâmica da rede e das particularidades de seus participantes, o que explica a capacidade de variação de tamanho das redes sociais (Martino, 2015).

A **dinâmica** diz respeito às interações entre as pessoas nas mais diferentes formas, como agregação, ruptura, cooperação, conflitos, competição, adaptação, criação e manutenção de capital social (visibilidade, autoridade, influência, reputação e popularidade), auto-organização, entre outras (Recuero, 2009; Martino, 2015).

Já o **caráter relacional das redes sociais** aponta para a existência não apenas de relações entre os indivíduos das redes, mas também para certa influência de uma relação sobre as outras relações (Recuero, 2009; Martino, 2015).

Exemplificando o exposto, na internet, a flexibilidade pode ser evidenciada pela aquisição de novos integrantes, bem como pelo sumiço deles de forma simples, sem a necessidade de grandes ritos ou burocracias, como o criar e o deletar um perfil no Instagram. Já a dinâmica depende de cada plataforma e suas regras, que podem induzir a velocidade, o tamanho das mensagens e as formas de interação.

Por exemplo, os *e-mails* podem ser mais detalhados e mais lentos do que as postagens no Twitter, embora ambos possam ser textuais e contar com outros recursos midiáticos. Por fim, o caráter relacional pode ser observado nas exposições das relações e das interações entre os indivíduos da rede, o que influencia outros indivíduos e suas conexões. Por exemplo, seguir o perfil de um indivíduo popular em determinada rede em razão das intensas interações que perfis de amigos estabelecem com ele.

Uma vez entendidos o conceito e as principais características das redes sociais, podemos, então, assumir que esse conceito ganhou notoriedade a partir do momento em que foi empregado para contextualizar ferramentas e relações sociais na internet.

Neste ponto, buscaremos examinar como essa noção adapta-se àquela mídia digital. Para tanto, é fundamental distinguirmos as redes sociais em dois tipos: (1) emergentes e (2) de filiação ou associativas (Recuero, 2009).

As **redes de filiação ou associativas** são formadas em função da estrutura técnica da plataforma e de suas formas de representar as relações entre os indivíduos ali presentes por intermédio de seus perfis. As interações, nesse tipo de rede, são reativas e apresentam-se de forma mais estática.

Para ilustrar essa categoria, podemos pensar que, uma vez que um perfil é adicionado à lista de amigos de uma pessoa no Facebook, ele passa a fazer parte, a pertencer a essa rede de amigos, mesmo que não interaja diretamente com o dono do perfil que o adicionou ou com suas postagens.

Já as **redes emergentes** são aquelas criadas em função da interação entre os indivíduos da rede e são consideradas emergentes, porque surgem de forma espontânea, descentralizada e em decorrência das atitudes dos indivíduos envolvidos, visto que não há uma entidade ou autoridade promovendo tais iniciativas, ou seja, surgem de forma *bottom-up* (de baixo para cima). Tais relações também podem ser consideradas mútuas, pois requerem trocas e conversações entre os indivíduos para ser mantidas.

Para exemplificar, consideremos que um perfil do Facebook postou sobre um produto cultural, suscitando intensa participação na caixa de comentários. É possível que parte da conversa aconteça entre alguns perfis, que as pessoas por trás deles criem vínculos em virtude desse interesse e que esses elos, por sua vez, extrapolem o tema da postagem em si, mesmo que tais relações configurem-se dentro de uma limitada parcela de tempo.

Com base no exposto, é possível perceber que, nas redes emergentes, há mais esforço dos participantes para a criação e a manutenção de seus laços sociais e, por isso, elas podem ser menores e mais efêmeras, embora tendam a ser mais conectadas. Já as redes de filiação são facilmente mantidas pelos mecanismos da plataforma, podendo representar identificação entre seus indivíduos; porém, podem apresentar vínculos sociais mais fracos e ter uma maior dimensão tendo em vista as facilidades tecnológicas.

Uma das formas mais proeminentes pelas quais as redes sociais existem na internet é por meio dos **sites de redes sociais** (SRS), ou seja, ferramentas que as suportam e as representam, mediando, assim, os tipos emergentes e de filiação. Conforme Recuero (2009, p. 102-103),

Sites de redes sociais foram definidos por Boyd & Ellison (2007) como aqueles sistemas que permitem i) a construção de uma persona através de um perfil ou página pessoal; ii) a interação através de comentários; e iii) a exposição pública da rede social de cada ator. Os sites de redes sociais seriam uma categoria do grupo de softwares sociais, que seriam softwares como aplicação direta para a comunicação mediada por computador. [...] A grande diferença entre sites de redes sociais e outras formas de comunicação mediada pelo computador é o modo como permitem a visibilidade e a articulação das redes sociais, a manutenção dos laços sociais estabelecidos no espaço off-line.

São exemplos de sites de redes sociais conhecidas no Brasil e no mundo: MySpace, Orkut, Facebook, LinkedIn, YouTube, Twitter, Tumblr e Skoob. De forma geral, todas essas plataformas evoluíram muito em termos de popularidade, funcionalidade, *layout* e identidade visual. Uma questão típica de tais sites é ter de resolver a aplicação do conteúdo do usuário no design da plataforma; por isso, é comum o uso de *flats designs* com fundos brancos ou claros, bordas finas e espaçamento entre os elementos.

MÃOS À OBRA

Agora, vamos a um desafio:

1. Qual rede social pessoal foi criada em 2003 nos Estados Unidos e já foi a maior em âmbito global?
2. Qual rede social de propósito geral foi criada em 2004 e extinta em 2014, após já ter sido a maior no Brasil?
3. Qual rede social tornou-se famosa por possibilitar seguir sem ser seguido e por desafiar seus integrantes a expressar suas ideais em caracteres limitados?

4. Quais das seguintes redes sociais podem ser consideradas segmentadas porque se voltam a um nicho de mercado: MySpace, Orkut, Facebook, LinkedIn, YouTube, Twitter, Tumblr e Skoob?

5. Qual foi a mídia social mais popular na internet brasileira em 2019?

Se você não sabe as respostas ou está em dúvida, confira uma lista de verbetes sobre os sites citados e/ou o resultado de uma pesquisa sobre as redes sociais mais populares no Brasil em 2019:

LISTA DE REDES SOCIAIS. In: **Wikipédia, a enciclopédia livre**. Disponível em: <https://pt.wikipedia.org/wiki/Lista_de_redes_sociais>. Acesso em: 28 jan. 2021.

COSTA, T. **Quais são as redes sociais mais usadas no Brasil em 2019?** 20 set. 2019. Disponível em: <https://rockcontent.com/br/blog/redes-sociais-mais-usadas-no-brasil/>. Acesso em: 28 jan. 2021.

RESPOSTAS DO DESAFIO:
1) MySpace / 2) Orkut / 3) Twitter / 4) LinkedIn e Skoob / 5) YouTube.

São muitos os impactos das redes sociais na internet e cada um desses desdobramentos é tema para vastos debates, quais sejam: descentralização das mídias; difusão de informação; criação de capital social; gerenciamento de impressões pessoais; gerenciamento de marcas e *marketing* digital; mobilizações sociais e políticas; modelos de negócios digitais; registro de rastros digitais de atividades e hábitos de consumo. Outra questão importante que deve ser considerada é o fato de tais sites serem desenvolvidos como sistemas web e, por isso, são necessários um cadastro e permissões para navegar e usar suas funcionalidades. Dessa forma, nem tudo o que está nesses sites pode ser achado em buscadores web, o que permite, por exemplo, que eles tenham seus próprios sistemas de publicidade.

ESTUDO DE CASO

Analisemos o exemplo do Facebook segundo os conceitos abordados neste capítulo.

Sabemos que o Facebook é um site de rede social de propósito geral gerido por uma empresa homônima. Foi criado em 2004 por estudantes da Universidade de Harvard na cidade de Cambridge, Massachusetts, nos Estados Unidos, em uma época na qual o conceito de web 2.0 já estava em efervescência, e já foi considerado a maior rede social do mundo, sendo também muito popular no Brasil.

O design e o *layout* do Facebook foram alterados ao longo de seus mais de 15 anos, buscando esquematizar melhor suas inúmeras funcionalidades, assim como harmonizar o conteúdo produzido pelos usuários e a publicidade em design plano e leve.

No Facebook, as pessoas podem cadastrar-se criando um perfil e estabelecer conexões com outros perfis pessoais. Por isso, ele pode ser classificado como um site de rede social na internet. Assim, é possível manter uma rede mediante interação reativa ao lhe adicionar novos amigos e, ainda, estabelecer interações mútuas por meio de conversações, criando-se vínculos que podem ser mais ou menos efêmeros.

Trata-se de um site do tipo dinâmico, pois conta com conteúdo produzido e compartilhado por seus usuários. No lado do cliente, é possível ter acesso aos *links* e botões que desencadeiam ações, como reagir ou postar um comentário, além de ajustar configurações de privacidade. Contudo, é nos servidores do Facebook que o sistema roda seus algoritmos, opera o sistema de anúncios e manipula o banco de dados da rede, por exemplo.

1.3 Entendendo o funcionamento da web

De forma geral, podemos dizer que a web é uma rede formada por inúmeras páginas de internet, que podem exibir diversos recursos (imagens, áudios, PDFs, vídeos etc.), além de *hiperlinks* para outras páginas. Dessa forma, podemos navegar pela web conhecendo os URLs dos sites e, ainda, seus *links*.

Os URLs são formas únicas de nomear os sites e apresentam três partes: o protocolo de comunicação (ex.: HTTP), o nome do site e o tipo de domínio (ex.: nome.com) e o nome da página/recurso que deve ser exibido (ex.: index.html), que pode ser omitido para o caso da página inicial (*home page*).

Para entender como sites e sistemas web funcionam, é preciso inicialmente compreender o modelo **cliente-servidor**. Esse modelo funciona com base na troca de dois elementos: (1) solicitações feitas pelo programa-cliente e (2) respostas enviadas após o processamento da tarefa feita pelo sistema servidor (Tanenbaum, 2003).

Na web, o lado do cliente é aquele no qual atua o navegador de internet, que faz solicitações ao servidor por meio dos comandos passados pelo usuário e que lhe apresenta os resultados enviados. Com o passar do tempo, os navegadores tornaram-se capazes de processar mais recursos e tecnologias que potencializam a experiência do usuário com relação à exibição das respostas retornadas pelo servidor via rede. Isso pode ser feito com a instalação de *plug-ins* ou a convocação de programas auxiliares instalados na máquina. Contudo, com o avanço dos navegadores e a padronização da HTML5, passou-se a dar suporte nativo para a execução de recursos multimídia no próprio navegador.

Já o lado do servidor é aquele que atua na máquina do servidor, estabelecendo conexão com inúmeros clientes, assim como verificando e processando suas solicitações.

No exemplo a seguir, é possível acompanhar as etapas da comunicação entre o navegador e o servidor web, segundo o modelo cliente-servidor na perspectiva do cliente.

> Quando um usuário clica em um hiperlink, o navegador executa uma série de etapas em ordem para buscar a página indicada. Suponha que um usuário esteja navegando na Web e encontre um link sobre telefonia na Internet que aponta para a home page da ITU, http://www.itu.org/home/index.html. Vamos acompanhar as etapas que ocorrem quando esse link é selecionado.
> 1. O navegador determina o URL (verificando o que foi selecionado).
> 2. O navegador pergunta ao DNS qual é o endereço IP de www.itu.org.
> 3. O DNS responde com 156.106.192.32.
> 4. O navegador estabelece uma conexão TCP com a porta 80 em 156.106.192.32.

5. Em seguida, o navegador envia um comando solicitando o arquivo /home/index.html.
6. O servidor www.itu.org envia o arquivo /home/index.html.
7. A conexão TCP é encerrada.
8. O navegador exibe todo o texto de /home/index.html.
9. O navegador busca e exibe todas as imagens que o arquivo contém. (Tanenbaum, 2003, p. 465)

No Capítulo 2, veremos mais sobre esse modelo quando abordarmos a estrutura e a codificação de páginas web.

1.4 O profissional webdesigner

Analisando o histórico evolutivo do webdesign, podemos concluir que seu profissional, o webdesigner, precisou atualizar-se muito ao longo dos anos, assimilando inúmeras habilidades e saberes técnicos das mais diversas áreas do conhecimento.

O trabalho de webdesigner (ou web designer) não exige formação única ou algum tipo de registro em conselhos de classe. É preciso, no entanto, ter um bom portfólio. Para tanto, são requeridos conhecimentos e habilidades múltiplos e o domínio de ferramentas e técnicas. Na verdade, não existe um consenso sobre os limites dessa profissão, principalmente quando se observa o mercado de vagas de emprego.

Antes de pensarmos no que essa atividade requer, devemos entender que, seguindo o modelo cliente-servidor, o desenvolvimento dos sistemas de informação web divide-se em:

- ***Front-end***: é a interface do sistema, ou seja, a parte com a qual o usuário tem contato e interage mediante o consumo de conteúdos, a feitura de solicitações e a visualização de resultados. Ela envolve tanto questões de design quanto sua aplicabilidade no sistema, a estruturação do site e seus elementos de interação. Em outras palavras, ela é tudo o que roda no lado do cliente. Para isso, demanda o uso de linguagens de marcação, formatação e estilo, como HTML e CSS, e de outras linguagens e bibliotecas que rodam no lado do cliente, como JavaScript, React e AngularJS (Oliveira, 2018).
- ***Back-end***: é a parte de suporte do sistema, na qual ocorre o processamento das tarefas solicitadas e entregues pelo *front--end*. O *back-end* reside na máquina servidora e encarrega-se do processamento, do banco de dados do sistema, bem como das questões de segurança, regras de negócio etc. Para tanto, demanda o uso de linguagens de programação web como PHP, Java, Python e Net (Oliveira, 2018).

Com base no exposto, é possível entender que o webdesigner atua no *front-end*. Entre as habilidades mais solicitadas desses profissionais, estão:

- noções de design gráfico: teoria das cores, tipografia, semiótica, usabilidade etc.;
- entendimento sobre experiência do usuário: arquitetura de informação, usabilidade, design de interação etc.;
- domínio de *softwares* de edição de imagens e de outros recursos multimídia;

- *marketing* digital: conhecimento de estratégias, plataformas e ferramentas voltadas para o mercado;
- experiência com linguagens de estruturação e formatação de documentos hipertextuais, como HTML, CSS e XML;
- noções de linguagens de *script*, *frameworks* e bibliotecas *front--end*: JavaScript, React, Angular JS etc.;
- conhecimento de sistemas de informação e serviços *on-line* (Sehn, 2018).

Também se notam interações entre o webdesigner e profissionais como: programadores ou desenvolvedores web, arquitetos da informação, analistas de *search engine optimization* (SEO), administradores de sistemas, analistas de conteúdo, designers de interação, UX designers e analistas de *marketing* digital.

A princípio, não seria da competência do webdesigner lidar com programação e acumular inúmeras das funções citadas, o que, diga-se de passagem, é um tanto polêmico.

PRESTE ATENÇÃO!

A empresa de classificados e recrutamento Catho disponibiliza em seu site o *Guia de profissões e salários*, uma ferramenta interessante para a compreensão do mercado em questão. Acerca de cada profissão da extensa lista, é possível saber média salarial, cargos relacionados, empresas que contratam, faculdades que ofertam cursos na área, possíveis trilhas para a carreira, perfil dos profissionais, além de eventuais vagas. Confira:

CATHO. **Guia de profissões e salários 2020**. Disponível em: <https://www.catho.com.br/profissoes/>. Acesso em: 28 jan. 2021.

CATHO. **Guia de profissões e salários**: web designer. Disponível em: <https://www.catho.com.br/profissoes/web-designer/>. Acesso em: 28 jan. 2021.

No próximo capítulo, abordaremos mais questões sobre os tipos e as estruturas dos sites e trataremos das linguagens de marcação.

Chaosamran_Studio/Shutterstock

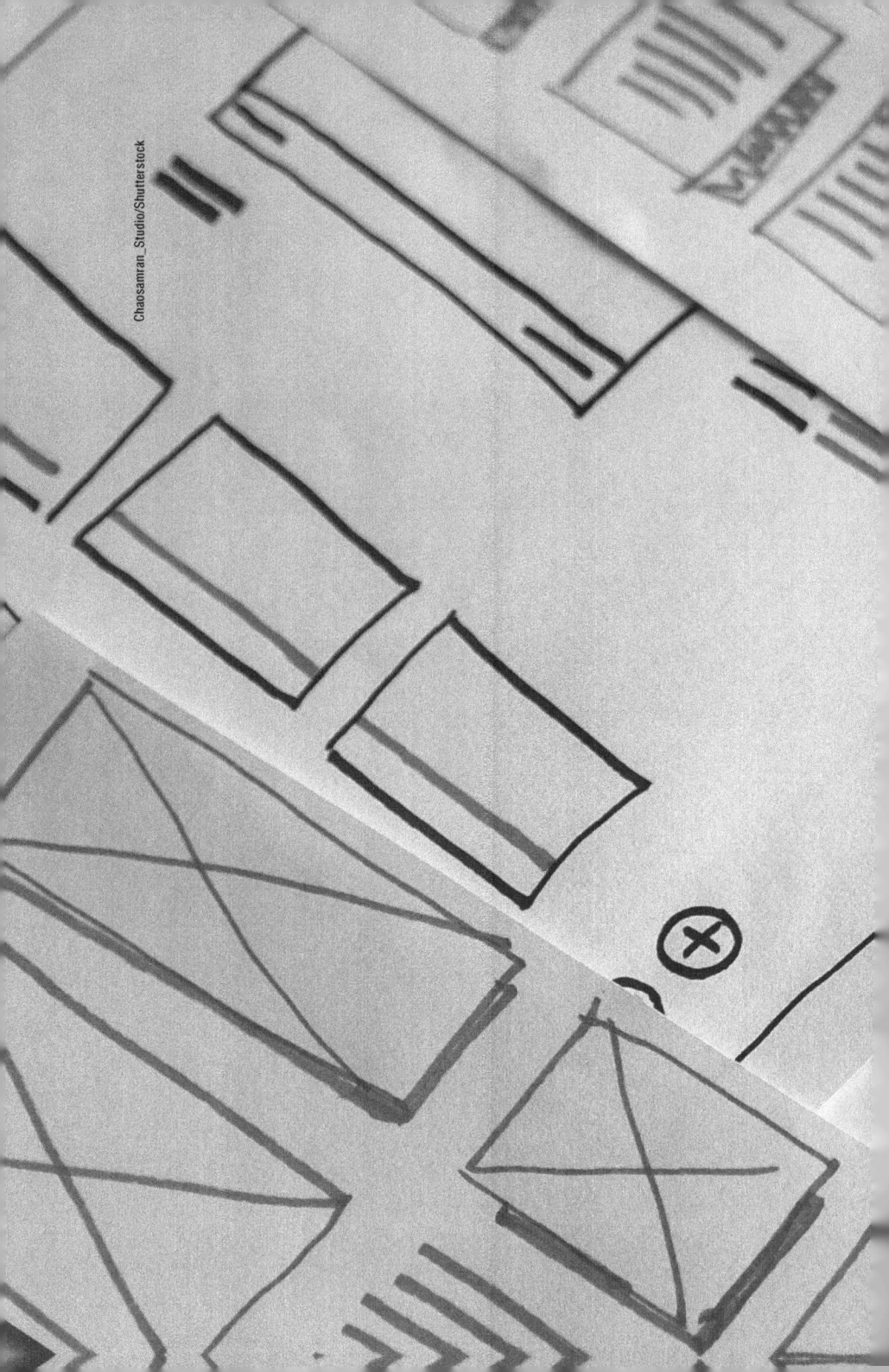

Capítulo 2

ESTRUTURA
DOS WEBSITES

Podemos pensar um site como um conjunto de camadas, e o design constitui-se em uma delas, que pode ser percebida mais facilmente por ser feita para agradar e chamar a atenção do usuário. Já o conteúdo, que é lido e, às vezes, editado pelo usuário, representa o principal item que se quer apresentar. Em adição, há os elementos de controle e a chamada à ação, que ajudam na navegação, na edição de informações e noutras interações entre o site e o usuário.

Tudo isso, todavia, é o que fica perceptível e está no lado do cliente, ou seja, na máquina do usuário, estando o site hospedado em um servidor. O que não é facilmente visto é o código que estrutura esses elementos, e entendê-lo permite constatar como afeta o design e as ações que oportuniza.

Neste capítulo, examinaremos a estrutura dos sites e o funcionamento da web. Iniciaremos entendendo o que são padrões para a web, sua importância e seus princípios. Na sequência, distinguiremos sites estáticos de sites dinâmicos e continuaremos classificando-os conforme critérios como tema, funcionalidade e propósito, conhecendo, assim, as diferentes opções de websites disponíveis na internet.

Uma vez reconhecidas algumas de suas características, analisaremos a geração de sites estáticos, abordando estrutura e particularidades da HyperText Markup Language (HTML), e a de sites dinâmicos. Para tanto, conheceremos e revisaremos alguns conceitos importantes para a web, bem como faremos exercícios práticos para entender melhor a HTML e as configurações e as funcionalidades de navegadores web.

2.1 Padrões web e outros conceitos importantes

Como vimos no capítulo anterior, Tim Berners-Lee lançou sua proposta de sistema descentralizado para a gestão da informação, a World Wide Web (WWW), em 1989, e a HTML, em 1991. Diante da grande procura e da adoção de tais tecnologias, o cientista concluiu que algo de tamanho impacto técnico e social precisava ser pensado em conjunto para a criação de uma rede interoperável e inclusiva. Foi então que, em 1994, ele fundou o World Wide Web Consortium, o W3C. Segundo Tanenbaum (2003, p. 463),

> Em 1994, o CERN e o MIT assinaram um acordo criando o World Wide Web Consortium (às vezes abreviado como W3C), uma organização voltada para o desenvolvimento da Web, a padronização de protocolos e para o incentivo à interoperabilidade entre os sites. Berners-Lee tornou-se o diretor do consórcio. Desde então, centenas de universidades e empresas juntaram-se ao consórcio.

Vamos entender um pouco mais sobre a W3C, seu objetivo e os principais assuntos que aborda, ao tratarmos de suas seis perguntas mais frequentes (FAQ – *frequently asked questions*).

2.1.1 O que são web *standards*?

Parte do trabalho do W3C é publicar documentos com recomendações sobre as tecnologias da web, recomendações estas consideradas padrões (*standards*). Essas publicações são frutos de um consenso entre os membros do consórcio e têm a finalidade de promover especificações e guias que ajudem a tornar a web uma plataforma aberta (*open web platform*), a fim de possibilitar o desenvolvimento e a implementação de soluções que funcionem bem para todos.

Assim, um dos princípios do W3C é criar uma **web para todos**, afinal,

> O valor social da Web está nas novas possibilidades de comunicação humana, comércio e compartilhamento de conhecimentos. Um dos principais objetivos do W3C é tornar esses benefícios disponíveis para todas as pessoas, independente do hardware que utilizam, software, infraestrutura de rede, idioma, cultura, localização geográfica ou capacidade física e mental. (W3C Brasil, 2021c)

Existem recomendações de padronização para várias aplicações e áreas ligadas à web[1]. Veja alguns exemplos:

- Webdesign e aplicações: tecnologias que ajudam a criar sites, como HTML, Cascading Style Sheets (CSS), Scalable Vector Graphics (SVG), Ajax e WebApps.
- Dispositivos e mobilidade: para que todos acessem a web de qualquer lugar, a toda hora e por meio do uso de qualquer computador, celular ou outro dispositivo.
- Arquitetura web: tecnologias que sustentam a web, como Uniform Resource Identifier (URI) e Hypertext Transfer Protocol (HTTP).
- Navegadores e ferramentas de autoria: para que todos acessem e criem sites e outros sistemas para a web de forma uniforme.
- Outros temas relacionados à segurança, à privacidade, aos serviços web e à internacionalização.

---

1 Para conhecer mais sobre padrões web, confira: W3C Brasil (2021c).

2.1.2 Quem integra o consórcio conhecido como W3C?

Até agosto de 2020, o W3C contava com mais de 420 membros. Os filiados são organizações com ou sem fins lucrativos que desenvolvem, pesquisam ou trabalham com tecnologias web e seus padrões. Cabe ao W3C fazer as articulações para a criação dos padrões web.

> O W3C desenvolve especificações técnicas e orientações através de um processo projetado para maximizar o consenso sobre as recomendações, garantindo qualidades técnicas e editoriais, além de transparentemente alcançar apoio da comunidade de desenvolvedores, do consórcio e do público em geral. (W3C Brasil, 2021b)

Fazem parte do consórcio inúmeras organizações, como sem fins lucrativos (associações, fundações e entidades governamentais), universidades (a exemplo da Universidade de São Paulo e a de Oxford) e diversas empresas. Além das cinco gigantes da internet, a Gafam (Google, Amazon, Facebook, Apple e Microsoft), há muitas outras: de serviços financeiros, como Visa e PayPal; de aplicativos de comunicação, como Zoom; de eletrônicos, como Xiaomi e Samsung; de tecnologia, como Oracle, Adobe e International Business Machines Co. (IBM); de *streaming* de vídeo, como Netflix; entre outras.

O Brasil também está representado, por exemplo, pelo Núcleo de Informação e Coordenação do Ponto BR (NIC.br), que "foi criado para implementar as decisões e os projetos do Comitê Gestor da Internet no Brasil – CGI.br, que é o responsável por coordenar e integrar as iniciativas e serviços da Internet no país" (NIC.br, 2021a).

2.1.3 **Por que é tão importante que a web seja interoperável?**

Um sistema interoperável é aquele que se comunica ou que roda perfeitamente nas mais diversas plataformas, tipos de máquinas, sistemas operacionais etc. É uma vantagem poder contar com padrões que orientem o desenvolvimento de soluções criadas na web, pois, com isso, garante-se que o usuário seja capaz de tirar o melhor proveito da experiência e que o criador do site obtenha maior alcance em termos de público-alvo, concretizando seus objetivos.

Portanto, a organização W3C empenha-se para possibilitar a **web em todas as coisas**, ou seja, executável em diversos equipamentos, como TVs, *smartphones*, eletrodomésticos inteligentes e outros dispositivos móveis. Nesse sentido, há também economia de esforços, uma vez que não é necessário adequar os sites a inúmeros padrões proprietários ou fechados. Por isso, cada vez mais diferentes aplicações são desenvolvidas para a web (W3C Brasil, 2021b).

2.1.4 **O que acontecia antes da adoção da padronização pelos navegadores?**

Se os padrões não são publicados nem respeitados, não é possível garantir que um site apresente-se ou comporte-se da mesma maneira para todos os usuários, visto que eles podem estar usando versões específicas de diferentes navegadores. Por isso, antigamente, era comum ver, nos rodapés dos sites, a sugestão do melhor navegador para sua visualização.

Era trabalhoso para o usuário ter de manter vários navegadores para alcançar a melhor *performance* dos sites e sistemas que utilizasse. Em contrapartida, era muito trabalhoso para os desenvolvedores e os webdesigners criar diversas alternativas para adequar os sites aos navegadores dos usuários.

São inúmeras as questões com as quais os programas que se conectam à web precisam lidar (W3C, 2021a), quais sejam:

- os múltiplos dispositivos, localidades e idiomas dos usuários;
- a amplitude de programas: navegadores web, *media players* (programas que tocam música e vídeo), navegadores *mobile*, extensões e *plug-ins* etc.;
- as diferentes preferências e necessidades dos usuários, incluindo as especiais.

Se os navegadores interpretam corretamente os padrões, dispensam codificação específica quando de fabricantes diferentes. Portanto, cabe aos fabricantes, bem como aos profissionais atuantes na criação de sites, desenvolver programas que sigam as especificações internacionais.

2.1.5 O que é web semântica e quais as vantagens de sua adoção?

Semântica é o campo de estudos que se preocupa com os significados das coisas, seja de palavras, seja de símbolos e imagens. Quando se fala de web semântica, faz-se referência à capacidade de todos os dados e conteúdos da web serem construídos de tal forma que facilitem o entendimento e a encontrabilidade, principalmente quando se tem em mente a diversidade de sites, navegadores web, usuários, indexadores de internet etc.

Uma vez que a web e toda a sua ecologia passam a cumprir padrões e regras, facilitam a elaboração de aplicações e serviços úteis, inteligentes e que manipulem e entendam os dados postados, conseguindo inferir informações com base neles, o que evita ambiguidades e promove a eficiência.

Como navegadores web sabem como lidar com títulos, imagens e outros conteúdos? Como indexadores de internet sabem o que é mais relevante em um site para apresentar consultas aos usuários? Como sistemas diversos podem fazer uso de dados publicados na internet para as mais diversas finalidades? Como evitar que pesquisas sobre um significado específico de uma palavra ou expressão (ex.: servidor, a máquina) não entreguem resultados sobre outro significado (ex.: servidor, o profissional)?

De forma geral, as respostas a essas questões têm a ver com a adoção da web semântica como um dos princípios dos padrões web. Para tanto, formatos de dados, esquemas e estruturas padronizadas e uso de metadados devem ajudar os navegadores, os indexadores e outros sistemas criados. Entende-se por **metadados** "os dados de um dado". Por exemplo, quando tiramos uma fotografia digital, além dos dados que formam a imagem em si, podemos gravar nela informações como autoria, modelo da máquina que a registrou, datas de criação e modificação etc. (W3C, 2021a).

2.1.6 O que é acessibilidade na web e qual sua importância?

Como o propósito da web é ser utilizada por todos, evidentemente, deve estar preparada para oferecer uma boa experiência aos usuários nas mais diversas situações e conforme distintas preferências e necessidades, até mesmo as especiais, decorrentes de deficiência visual, auditiva, motora e/ou cognitiva.

Muitos sujeitos precisam adaptar seus computadores mediante o emprego de tecnologias assistivas, ou seja, *hardwares* e *softwares* que ajudam na execução de tarefas cotidianas e laborais. Um exemplo na informática é o programa leitor de tela, usado por pessoas cegas ou com baixa visão, para acessar comandos e conteúdos de sites e aplicativos.

A padronização web é importante para que esses programas assistivos exerçam melhor *performance*, conseguindo diferenciar e apresentar elementos de forma clara, o que também torna imprescindível a adoção do princípio da web semântica.

Para promover a universalidade da web, a W3C fomenta a acessibilidade por meio da Iniciativa para a Acessibilidade Web (Web Accessibility Initiative – WAI), que sugere padrões, guias de boas práticas, listas de ferramentas de avaliação de sites e recursos de orientação para designers, desenvolvedores, redatores, testadores e outros profissionais (W3C, 2021b).

2.2 Classificação de sites web

Diante de tantas tecnologias e possibilidades, refletiremos sobre como classificar websites (identificando categorias que podem, inclusive, ser complementares), dividindo-os em função (1) da periodicidade de seus conteúdos; (2) do tema ou área de concentração que focalizam; (3) de seu propósito; e (4) de sua funcionalidade principal.

Analisar o tipo de um site é, assim, um exercício de entender o que ele representa em termos de tecnologias, temas, público-alvo e práticas sociotécnicas, ou seja, é uma relação mútua: o que a tecnologia permite fazer e do que as pessoas apropriam-se ou mesmo o que "inventam" com base no que lhes é ofertado por sites e plataformas na internet.

Inicialmente, os sites podem ser classificados com base na análise de sua estrutura e da periodicidade de seu conteúdo, obtendo-se as seguintes categorias:

- **Sites estáticos**: são, normalmente, usados para manter a presença *on-line* de uma pessoa, organização ou projeto e foram planejados para apresentar um conteúdo mais fixo. Isso não significa que tal conteúdo não possa ser atualizado, mas sim que esse não é o propósito do site. Esses sites podem ser criados com HTML+CSS ou por meio de ferramentas rápidas para esse fim. Como exemplo de site estático, podemos citar os de empresas que buscam apenas ser representadas e encontradas na web.
- **Sites dinâmicos**: seus conteúdos, que podem ser inseridos com ou sem periodicidade preestabelecida, são atualizados com relativa frequência. É comum que esses sites sejam desenvolvidos com a ajuda de sistemas para edição e armazenagem de dados. Como exemplo, podemos citar *blogs* e sites noticiosos.

Adiante, apresentaremos um pouco mais sobre as técnicas subjacentes à geração dessas páginas web.

Ademais, sites podem ser classificados segundo o assunto a que se dedicam; então, podemos dizer que um site é cultural, científico, musical, cinematográfico, astrológico etc. Quanto a seu propósito, um site pode ser: institucional, informativo, comunitário, para aplicativos, para armazenamento, *hotsite*, *mobile site* etc.

Os sites dinâmicos podem, ainda, ser divididos de acordo com sua funcionalidade, a saber: fórum, wiki, *blog*, portal, mídia social, mecanismo de busca, *e-commerce*, rede social e *intranet*.

2.3 Sites estáticos ou geração de páginas estáticas

As páginas web mais simples são as **páginas estáticas**, que são construídas em HTML puro, podendo ser formatadas com a linguagem CSS e conter inúmeros recursos, como PDFs, vídeos e imagens.

Uma vez estáticas, ocorrem poucas transferências para o cliente (navegador do usuário): primeiro, há a transferência da página codificada em HTML (hospedada no servidor web que contém o site) e, depois, a de seus recursos hiperlinkados.

Quando se fala de transferências de arquivos entre computadores via web, remete-se ao HTTP. Como já explicado, as interações entre clientes e servidores acontece com a troca de mensagens ou de solicitações (em uma conexão estabelecida via Transmission Control Protocol – TCP).

Outra versão muito conhecida é o HyperText Transfer Protocol Secure (HTTPS), o protocolo de transferência de hipertexto seguro, que adiciona uma camada de segurança às transferências, que são então feitas com o uso de criptografia, para garantir a confidencialidade e a integridade dos dados enviados. Também há a verificação de autenticidade do servidor e do cliente por meio de certificados digitais (que podem ser vistos clicando-se no "cadeado" presente na barra de URL do navegador web).

Para indicar o que enviar e de onde deve ser feita a transferência, entra em ação, como mencionamos no capítulo anterior, o URI, que é composto por: protocolo de comunicação, nome do site e domínio ou URL, podendo, ainda, conter o arquivo a ser apresentado.

EXEMPLO PRÁTICO
URL: "nomedosite.com"
URI: "https://nomedosite.com/pagina.html"

O programa de navegação web, ou *browser*, atua como um interpretador, que lê todas as instruções escritas no código HTML e exibe o conteúdo segundo essas orientações. Esse conteúdo pode ser um conjunto de títulos, parágrafos, tabelas, além de imagens, vídeos, animações, mapas interativos e outros objetos digitais. Além disso, de acordo com Tanenbaum (2003), o site pode ser um conjunto de páginas web com *links* entre si e hospedadas em um mesmo diretório no servidor, sendo acessado pelos respectivos URL.

Sites estáticos são ideais quando é preciso transmitir um conteúdo que não deve variar muito ao longo do tempo. O site pode, por isso, ficar mais compacto e simples, focando o conteúdo e o design. Apesar de certas limitações funcionais, muito pode ser feito apenas com HTML+CSS, que constituem a base do entendimento da construção de sites para internet, principalmente se considerarmos as versões HTML5+CSS3.

2.3.1 HTML

Como já vimos, HTML é a sigla de HyperText Markup Language, ou seja, linguagem de marcação de hipertexto. É considerada uma linguagem de marcação porque apenas estrutura o conteúdo de páginas web e seus recursos, explicando para o navegador o que significa cada parte dele, como parágrafos, listas, tabelas, imagens, entre outros dados e metadados.

A HTML é uma linguagem mantida pelo W3C e pelo Web Hypertext Application Technology Working Group (WHATWG), sendo padronizada pela Norma ISO/IEC 15445 (ISO; IEC, 2000).

Uma página web, em sua versão mais simples, é formada por um **documento HTML**, isto é, um arquivo de texto que usa a sintaxe dessa linguagem, que é toda composta por *tags* (códigos escritos entre < e >, como em <html>) que definem ou delimitam os **elementos HTML**. Salvo algumas exceções, as *tags* HTML aparecem aos pares, como em <html> e </html>, ou seja, existem *tags* de abertura e de fechamento para delimitar o **conteúdo dos elementos**. Os documentos HTML devem ser salvos com a extensão .html (mais comum) ou .htm.

A estrutura básica de um documento HTML é a seguinte:

```
<!DOCTYPE html>
<html>
    <head>
        Cabeçalhos e metadados. Serão lidos apenas por programas.
    </head>
```

```
<body>
    Corpo da página. O que será mostrado para o usuário em
    sua tela.
</body>
</html>
```

MÃOS À OBRA

Abra um programa editor de texto (pode ser um simples, como Notepad ou Bloco de Notas no Windows), copie e cole o código a seguir. Em seguida, salve o arquivo com a extensão ".html" (por exemplo, "teste1.html"), acesse-o em um navegador web e veja o que será mostrado. Para abri-lo, servem tanto o duplo clique no arquivo quanto o menu Arquivo → Abrir de seu navegador.

Note que o conteúdo é o mesmo, mas o navegador não apresentará as *tags*, pois essas são as instruções de como o conteúdo deverá ser renderizado na tela do usuário.

```
<!DOCTYPE html>
<html>
    <head>
        <title>Título na janela do navegador</title>
    </head>
    <body>
        <h1>Título da minha página</h1>
        <p>Hello world!</p>
    </body>
</html>
```

Caso deseje fazer mais algumas edições em seu arquivo, não se esqueça de salvar e de atualizar o navegador para ver as modificações.

Agora, vamos entender um pouco mais sobre HTML analisando as principais *tags* dessa linguagem, como elencado no Quadro 2.1. Considere que os "..." apenas estão substituindo o conteúdo dos elementos, visto que não fazem parte das sintaxes em questão.

Quadro 2.1 – **Elementos mais comuns da HTML**

Tag	Descrição
<!DOCTYPE html>	Define o tipo do documento como HTML5.
<html> ... </html>	Delimita uma página web criada em HTML. É o elemento raiz.
<head> ... </head>	Define o cabeçalho da página, indicando seus metadados. O conteúdo só será lido por programas como o *browser*, não sendo mostrado ao usuário.
<title> ... </title>	Define o título da página, que não é mostrado em seu corpo, mas sim no título da janela do navegador web.
<body> ... </body>	Delimita o corpo da página e o conteúdo a serem exibidos ao usuário.
 	Adiciona uma quebra de linha, pois, do contrário, o texto ocuparia todo o espaço da caixa/local no qual foi inserido. Não tem *tag* de fechamento.
<hr/>	Adiciona uma linha horizontal ou separador. Não tem *tag* de fechamento.
<ul> ... </ul>	Delimita uma lista não ordenada (*unorded*) com marcadores do tipo *bullet*.
<ol> ... </ol>	Delimita uma lista ordenada (*orded*) com marcadores do tipo numérico.
<li> ... </li>	Indica os itens de uma lista ordenada ou não ordenada.

(continua)

(Quadro 2.1 – conclusão)

Tag	Descrição
<p> ... </p>	Define os limites de um parágrafo.
<img src="...">	Insere uma imagem por meio de determinado recurso. O caminho completo de sua localização deve ser indicado; entretanto, se estiver na mesma pasta, basta indicar o nome dessa figura. Também se pode usar a URI de imagens postadas na internet. Não tem *tag* de fechamento.
<a href="..."> ... </a>	Define um *hiperlink*. Pode ser um *link* interno ao site (uma outra página do site); uma âncora (apontando para uma parte específica da mesma página); ou externo (outro site ou recurso exterior).
<h1> ... </h1>	Define um título de primeira ordem, ou o título principal da página. Outras opções de menor relevância são <h2>, <h3>, <h4>, <h5> e <h6> com as respectivas *tags* de fechamento.
<table> ... </table>	Insere uma tabela.
<tr> ... </tr>	Insere uma linha na tabela.
<th> ... </th>	Insere uma célula de título na tabela.
<td> ... </td>	Insere uma célula de dados na tabela.
<! ... >	Delimita comentários vistos no modo código, mas não no modo gráfico da página.

Fonte: Elaborado com base em Tanenbaum, 2003.

Observe a aplicação desses elementos no código de página web a seguir:

```
<!DOCTYPE html>
<html lang="pt-BR">
    <head>
        <title>Sobre tags HTML</title>
    </head>
    <body>
```

```html
<h1>Principais tags HTML</h1>
<p> Sobre as tags HTML <br/> devemos lembrar que: </p>
<ul>
    <li> São escritas entre < e > </li>
    <li> São predeterminadas</li>
    <LI> Podem ser escritas em letras maiúsculas ou minúsculas</LI>
</ul>
<hr/>
<!-- Esse comentário não aparecerá na tela no modo gráfico -->
<ol>
    <li> São escritas entre < e > </li>
    <li> São predeterminadas</li>
    <LI> Podem ser escritas em letras maiúsculas ou minúsculas</LI>
</ol>
<p> Aprenda mais sobre HTML no site da <a href="https://developer.mozilla.org/pt-BR/docs/Web/HTML">Mozilla para desenvolvedores</a>! </p>
<img src="https://upload.wikimedia.org/wikipedia/commons/e/e3/HTML5.svg">
<table>
  <tr>
    <th>Elemento</th>
    <th>Atributo</th>
    <th>Valor</th>
  </tr>
```

```
    <tr>
        <td>html</td>
        <td>lang</td>
        <td>pt-br</td>
    </tr>
    </table>
</body>
</html>
```

IMPORTANTE!

Um dos projetos do W3C dedica-se à divulgação e à capacitação de pessoas em tecnologias web. Para tanto, foi criado o site W3Schools, no qual é possível encontrar todas as referências e exemplos das especificações de linguagens e bibliotecas, como HTML, CSS, JavaScript, SQL, Python, PHP, Bootstrap, Java e muitas outras. O portal conta, ainda, com uma ferramenta interativa que, na mesma janela, apresenta a edição de código e a simulação do resultado em um navegador web. Confira:

W3SCHOOLS. Disponível em: <https://www.w3schools.com/>. Acesso em: 28 jan. 2021.

MÃOS À OBRA

Experimente o exemplo de página web apresentado há pouco e pratique em:

W3SCHOOLS. **Tryit Editor v3.6**. Disponível em: <https://www.w3schools.com/html/tryit.asp?filename=tryhtml_intro>. Acesso em: 28 jan. 2021.

Você deve ter percebido que algumas *tags* HTML têm **atributos** que sempre seguem a sintaxe nome="valor", como é o caso de `<img src="URI">` e `<a href="URI">`. Cabe enfatizar aqui que os elementos podem apresentar mais de um atributo se necessário. O Quadro 2.2 elenca alguns deles.

Quadro 2.2 – **Atributos dos elementos HTML**

Atributo	Descrição
href="…"	Define o URI que deve ser linkado pelo elemento <a>.
src="…"	Define o recurso/imagem que deve ser apresentado pelo elemento <img>.
width="…"	Redimensiona o comprimento de uma imagem mostrada por <img>.
height="…"	Redimensiona a largura de uma imagem mostrada por <img>.
alt="…"	Atributo de <img> que declara um texto alternativo a uma imagem.
lang="…"	Atributo de <html> que especifica a linguagem da página web.
title="…"	Atribui informações extras a um elemento HTML.

Fonte: Elaborado com base em W3Schools, 2021e.

Ainda, é importante obedecer à ordem de abertura e fechamento das *tags* usando, por exemplo, `<p> <a> … </a> </p>`.

Embora a linguagem CSS seja a melhor alternativa para a aplicação de estilo em páginas web, é pertinente saber que existem algumas *tags* de formatação, como as indicadas no Quadro 2.3.

Quadro 2.3 – **Elementos de formatação da HTML**

Tag	Descrição
<b> … </b>	Aplica negrito nas fontes.
<i> … </i>	Aplica itálico nas fontes.

(continua)

(Quadro 2.3 – conclusão)

Tag	Descrição
<center> ... </center>	Centraliza elementos. O alinhamento também pode ser feito pelas *tags*: e respectivas *tags* de fechamento. ATENÇÃO: não é mais suportada no HTML5, então pode não funcionar.
<strong> ... </strong>	Define maior importância à palavra ou expressão destacada.
<small> ... </smaill>	Apresenta o texto menor.
_{...}	Texto subscrito.
^{...}	Texto elevado.
<del> ... </del>	Texto deletado ou riscado/cortado.
<mark> ... </mark>	Texto marcado ou destacado.
<ins> ... </ins>	Texto sublinhado.

Fonte: Elaborado com base em Tanenbaum, 2003; W3Schools, 2021d.

Posteriormente, quando tratarmos dos estilos e *layouts*, veremos mais sobre HTML5 e CSS.

Um pouco mais de web semântica e acessibilidade

Perceba que, para definir o título principal de um site, deve-se usar a *tag* `<h1>`, ainda que a *tag* `<b>` proporcione um efeito visual parecido. Isso se deve ao fato de que, com a *tag* `<h1>`, o navegador e outros programas (como os indexadores de internet) entenderão que esse é o assunto principal do site, que estará, por conseguinte, bem estruturado e com significado.

Da mesma forma, é importante que se delimitem o começo e o final dos parágrafos com `<p>` e `</p>`. Não basta, então, escrever um texto e usar a *tag* de forçar a quebra de linha `<br/>`, uma vez que isso não teria o mesmo significado.

Embora as *tags* `<b>` e `<strong>` possam apresentar o mesmo resultado, elas são diferentes. A *tag* `<b>` muda apenas a aparência visual do texto destacado, ao passo que `<strong>` indica que aquele trecho de texto ou palavra destacada tem especial importância. Portanto, distinguem-se em significado.

No que concerne à acessibilidade, como nem todas as pessoas conseguem ver ou diferenciar bem os conteúdos das imagens, é importante que todas venham acompanhadas de um texto alternativo. O conteúdo do atributo `alt="..."` do elemento `<img>` pode ser lido por *softwares* assistivos de leitura de tela, facilitando-se a compreensão de pessoas deficientes visuais.

> Recomendações para boas práticas na codificação:
>
> - Escreva códigos usando sempre letras minúsculas para padronizar.
> - Se possível, abra e feche *tags* na sequência para evitar esquecimentos e erros na codificação.
> - Use linhas diferentes para adicionar *tags* de abertura e de fechamento que formam blocos de conteúdo.
> - Nomeie arquivos com letras minúsculas e evites espaços, preferindo o uso de *underline* ("_") para separar as palavras, se for o caso.
> - Faça *backup* e versionamento de seu código.
> - Lembre-se: um código limpo e bem organizado facilita a comunicação entre as equipes de desenvolvimento e manutenção do site.

2.4 Geração de páginas dinâmicas

A HTML é, como vimos, a base para qualquer site; contudo, para incrementar um site com interação e funcionalidades, é necessário recorrer a linguagens de programação, como veremos na sequência.

Como mencionamos no Capítulo 1, a partir do final da década de 1990 e início da década 2000, os sites passaram por uma revolução em termos não apenas de webdesign, mas também de conteúdo, que passou a ser dinâmico e produzido, inclusive, pelos usuários da internet (ou *internautas*, como eram chamados). Era a chamada *web 2.0*, um fenômeno sociotécnico caracterizado pelo uso da web como uma plataforma para o fornecimento de serviços e ferramentas *on-line*. Nesse sentido, a interatividade entre usuários e entre usuários e conteúdo transformou-se em uma grande vertente. Encontravam-se, assim, na web *blogs*, redes sociais, wikis, fóruns e tantos outros sites.

A **geração dinâmica dessas páginas** tem sido feita sob demanda e de duas formas: (1) do lado do servidor e (2) do lado do cliente (Tanenbaum, 2003). Ter noções sobre esse processo pode ser muito valioso para as tomadas de decisões durante os projetos de websites, entendendo-se, assim, o que pode ser feito com as tecnologias mais populares no mercado. Vamos analisar cada um desses casos, mas, antes, devemos conhecer os *cookies*.

2.4.1 O que são *cookies* de navegador web?

Antes de tudo, é importante entendermos o conceito de *cookies* e como eles funcionam no contexto da navegação web. Eles são uma solução necessária pelo fato de a web ser um sistema sem estados, ou seja, na comunicação entre cliente e servidor, a princípio, não haveria como o servidor identificar o cliente em questão, seja o programa, seja o usuário em si.

Como solução, o navegador Netscape lançou o conceito de *cookies*, que são arquivos de textos ou dados enviados pelo servidor junto com a página solicitada. Neles são gravadas informações adicionais, que podem ser lidas e editadas pelo servidor sempre que o usuário voltar a visitar o site. Os *cookies* são armazenados pelo navegador web e reenviados quando o usuário quiser acessar o site novamente (Tanenbaum, 2003).

Dessa forma, um site pode "lembrar-se" dos usuários e personalizar conteúdos para eles, melhorando tanto suas ações de comunicação e marketing quanto a experiência do internauta. Contudo, também trazem o inconveniente da rastreabilidade.

Os *cookies* podem ser de três tipos, conforme Souza e Amaral (2020):

1. de sessão: são utilizados pelo servidor para saber sobre a visitação dos usuários às páginas internas ao site. Eles duram até o usuário fechar o navegador e são não persistentes;
2. primários: são *cookies* persistentes que registram informações do usuário e são utilizados em cada nova visita;
3. de terceiros: são *cookies* persistentes utilizados para rastrear o comportamento e as preferências dos usuários com base em sua navegação por diferentes sites.

Diante de seu potencial invasivo, os *cookies* foram padronizados pelo documento técnico da Internet Engineering Task Force (IETF) denominado *RFC 2109* (Kristol; Montulli, 1997). Contudo, essa norma ficou obsoleta em 2000, tendo sido substituída pelo RFC 2965 (Kristol; Montulli, 2000).

Um *cookie* pode armazenar pouca informação, como: identificação do agente usuário, domínio do site hospedeiro (*host server*) e sua data de validade. Considerando o exposto, o que pode ser feito com os *cookies*? Seguem alguns exemplos:

- O servidor pode lembrar-se dos itens que o usuário não logado adicionou no carrinho de compras em um site de *e-commerce*.
- O servidor pode recordar o histórico de navegação do usuário dentro do site, resgatando itens que despertaram seu interesse na loja virtual.
- Para a criação de páginas iniciais personalizadas em portais de notícias, o usuário pode indicar ao servidor que mostre apenas algumas das categorias de notícias e conteúdos.
- Sites de parceiros podem apresentar publicidade relevante no site atual com base no interesse que o usuário demonstrou durante a navegação em sites visitados anteriormente.
- O usuário pode solicitar que o navegador grave suas credenciais para facilitar seus acessos futuros.
- Os servidores podem contar quantos novos usuários ingressaram durante uma sessão e quantas páginas cada um visitou nesse ínterim.

Quando se fala de *cookies*, uma das questões que emergem é a da segurança; por isso, medidas são recomendadas para evitar vazamentos de informações para o site errado, falsificação de *cookies* ou armazenamento e transmissão de nomes de usuários e senhas sem criptografia – temas estes discutidos na RFC 2965. Outra questão é a da privacidade, que deve ser garantida por meio da transparência e do consentimento. Acerca disso, o referido documento aponta:

> O consentimento informado deve orientar o design dos sistemas que usam cookies. Um usuário deve ser capaz de descobrir como um site planeja usar informações em um cookie e deve poder escolher se essas políticas são aceitáveis ou não. O agente do usuário e o servidor de origem devem ajudar no consentimento informado. (Kristol; Montulli, 2000, p. 19, tradução nossa)

Atualmente, estamos acostumados a ver notificações de *cookies* (solicitando aprovação ou rejeição) nos sites que visitamos. Isso se deve às exigências do Regulamento Geral sobre a Proteção de Dados da União Europeia, também conhecido pela sigla em inglês GDPR (General Data Protection Regulation), aplicável desde 2018. Essa lei, o Regulamento 2016/679, de 27 de abril de 2016 (União Europeia, 2016), instituiu várias exigências para as organizações que operam na União Europeia (UE), requerendo, acima de tudo, a proteção dos direitos e das liberdades, o que inclui a proteção e a transparência no tratamento dos dados pessoais de seus cidadãos. Seu reflexo vem sendo sentido em todo o mundo. No Brasil, estamos prestes a ver entrar em vigor a Lei Geral de Proteção de Dados Pessoais (LGDP), isto é, a Lei n. 13.709, de 14 de agosto de 2018 (Brasil, 2018), que aponta:

> Art. 1º Esta Lei dispõe sobre o tratamento de dados pessoais, inclusive nos meios digitais, por pessoa natural ou por pessoa jurídica de direito público ou privado, com o objetivo de proteger os direitos fundamentais de liberdade e de privacidade e o livre desenvolvimento da personalidade da pessoa natural. (Brasil, 2018)

Diante de tantas questões importantes envolvendo praticidade, funcionalidade e privacidade, de que maneira podemos verificar como nossos navegadores estão lidando com os *cookies*? A Figura 2.1 apresenta a tela de configuração de preferências sobre o uso de *cookies* no navegador Firefox.

Figura 2.1 – **Configuração do uso de *cookies* no Mozilla Firefox 79.0 (64 bits) para Ubuntu**

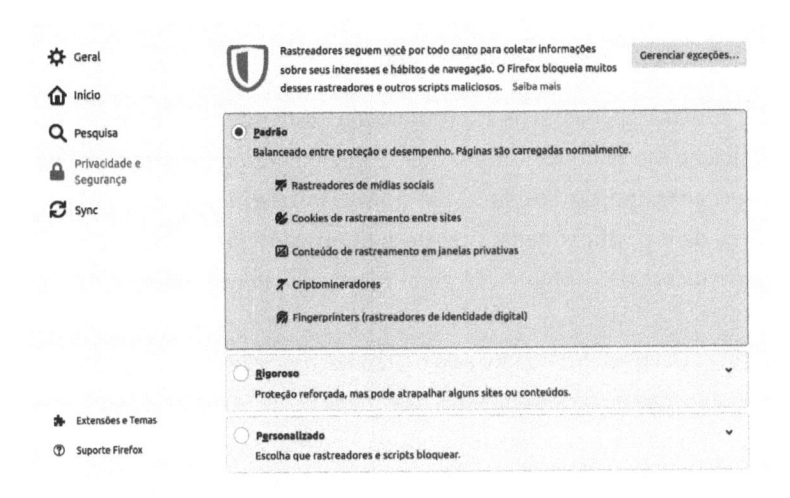

⚙ Geral	Rastreadores seguem você por todo canto para coletar informações sobre seus interesses e hábitos de navegação. O Firefox bloqueia muitos desses rastreadores e outros scripts maliciosos. Saiba mais [Gerenciar exceções...]
⌂ Início	
🔍 Pesquisa	● **Padrão** Balanceado entre proteção e desempenho. Páginas são carregadas normalmente.
🔒 Privacidade e Segurança	🎭 Rastreadores de mídias sociais
⟲ Sync	🍪 Cookies de rastreamento entre sites
	▭ Conteúdo de rastreamento em janelas privativas
	⚒ Criptomineradores
	👤 Fingerprinters (rastreadores de identidade digital)
	○ **Rigoroso** Proteção reforçada, mas pode atrapalhar alguns sites ou conteúdos.
✦ Extensões e Temas	○ **Personalizado** Escolha que rastreadores e scripts bloquear.
ⓘ Suporte Firefox	

Caso seu navegador seja o Firefox, verifique suas configurações de *cookies* acessando: menu Editar → Preferências → Privacidade e Segurança.

No Chrome, também existe a possibilidade de se determinar a configuração geral dos *cookies*, planejando qual modo será usado normalmente, que pode ser mais permissivo ou mais restrito, segundo as opções:

1. Mostrar todos os *cookies*.
2. Bloquear *cookies* de terceiros na navegação anônima.
3. Bloquear *cookies* de terceiros.
4. Bloquear todos os *cookies*. Contudo, essa opção não é recomendada, porque impacta bastante a experiência do usuário, visto a difusão do uso de *cookies* na web.

Outras opções mais específicas de configuração de *cookies* no Chrome são relativas a limpar os *cookies* quando o usuário fechar o navegador, indicar aos sites que o usuário deseja não ser rastreado, além de especificar quais sites podem ou não usar *cookies*, independentemente da configuração geral mostrada anteriormente.

> Caso seu navegador seja o Chrome, para acessar suas configurações de privacidade, acesse: menu Editar → Preferências → Privacidade e segurança→ Cookies e outros dados do site.

2.4.2 Como as páginas dinâmicas são geradas do lado do servidor?

Em muitos casos, quando usamos sites na internet, é necessário enviar dados preenchendo formulários, como os de cadastro em uma rede social, o de uma pesquisa acadêmica, o de um comentário em um *blog* ou o *form* de uma transação bancária em um *internet bank*.

Em parte desses casos, a solicitação feita pelo usuário é relativa ao envio de dados via formulário, e alguns *cookies* devem ser processados de alguma maneira antes que o servidor envie a resposta ao cliente. Esse processamento também pode requerer consultas ao banco de dados. Assim, na máquina servidora, entram em ação algoritmos e *scripts* do sistema *back-end* que está em contato com o servidor web (Tanenbaum, 2003).

Vejamos, agora, um exemplo de geração de página dinâmica do lado do servidor. Imagine que um usuário digitou o URL de um site e a página acessada (ou enviada com resposta pelo servidor) contém um formulário de cadastro. As etapas seriam as seguintes:

1. o usuário preenche um formulário de cadastro e usa o botão enviar;
2. o navegador envia o formulário preenchido de volta ao servidor;
3. os dados são enviados para o sistema;
4. o sistema registra os dados do usuário no banco de dados;
5. o registro é criado e é enviada uma confirmação de volta ao sistema;
6. o sistema constrói a página personalizada com os resultados e a envia ao servidor web;
7. o servidor web retorna a página ao programa-cliente;
8. o navegador web apresenta o resultado ao usuário, que recebe a confirmação da criação de seu cadastro no site em questão.

A Figura 2.2, a seguir, ilustra essa comunicação entre cliente e servidor com geração de página dinâmica.

Figura 2.2 – **Etapas da geração de uma página dinâmica a partir do preenchimento de um formulário de cadastro**

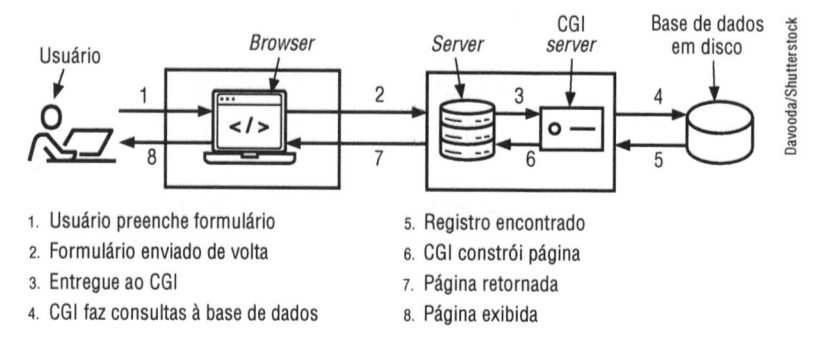

```
Usuário        Browser              Server      CGI        Base de dados
                                                server        em disco
   ↓             ↓          2         ↓          ↓              ↓
       1                          3                      4
   👤 ←──→    [</>]  ←───→    🗄  ←──→   o─        🗄
         8                    7              6        5
```

1. Usuário preenche formulário
2. Formulário enviado de volta
3. Entregue ao CGI
4. CGI faz consultas à base de dados
5. Registro encontrado
6. CGI constrói página
7. Página retornada
8. Página exibida

Fonte: Tanenbaum, 2003, p. 487, tradução nossa.

Outra forma de gerar páginas dinâmicas é por meio do acréscimo de linguagem de programação ao código HTML. A diferença aqui é que essas páginas devem ser construídas em arquivos com uma extensão diferente das feitas em HTML. No caso da linguagem PHP, por exemplo, a extensão de arquivo seria ".php", e os *scripts* seriam inseridos com as *tags* <?php... ?>. Se a linguagem fosse JavaServer Pages (JSP), a extensão seria ".jsp" e, se fosse a Active Server Pages (ASP), da Microsoft, a extensão seria "asp". Em todos esses exemplos, os *scripts* rodariam no servidor web e seriam importantes caso fosse necessário processar algoritmos, manipular formulários e consultar bancos de dados (Tanenbaum, 2003).

2.4.3 Como as páginas dinâmicas são geradas do lado do cliente?

As páginas HTML dinâmicas geradas do lado do cliente são fundamentais para conferir interatividade às páginas, que passam, assim, a reagir às ações do usuário e a outros eventos transcorridos nesse âmbito. Em outras palavras, é possível criar páginas dinâmicas manipulando o comportamento da página e o de seus elementos.

JavaScript

Na produção de páginas dinâmicas do lado do cliente, os *scripts* são incorporados ao documento HTML e interpretados pelo próprio navegador web, ou seja, na máquina do usuário. Como exemplo, temos a linguagem de *script* JavaScript, que é a mais popular para essa finalidade.

Como o JavaScript pode ser empregado para atribuir interação e dinamismo às páginas web? Seguem exemplos:

- Manipular elementos HTML, fazendo com que, por exemplo, imagens e *links* mudem de atributos quando o usuário clicar em um botão.
- Acompanhar a movimentação do *mouse* sobre objetos da tela, como botões e imagens.
- Esconder ou evidenciar elementos, otimizando a quantidade de informação na tela a critério do usuário, por meio de manipulação HTML.
- Manipular elementos do estilo da página (CSS), por exemplo, evidenciando um bloco de texto quando o usuário passar o *mouse* sobre ele.
- Tratar informações inseridas em formulários antes de seu envio. Por exemplo, quando uma data de nascimento é informada pelo usuário em um formulário, um trecho do código

JavaScript calcula a idade desse sujeito, e essa informação será encaminhada, com os outros dados inseridos, ao servidor quando o formulário for enviado.

- Verificar o preenchimento adequado dos campos de formulários antes de serem enviados via web.
- Gerenciar janelas, mudando seu tamanho, sua posição na tela, abrindo-a ou fechando-a.
- Definir, obter, deletar e alterar *cookies*, para enviá-los em trocas de mensagens com o servidor web solicitado.

Ao ler um código de página com JavaScript, você pode encontrar sua declaração entre as *tags* `<script>` e `</script>` tanto no cabeçalho da página (entre `<head>` e `</head>`) quanto em seu corpo (entre `<body>` e `</body>`).

PRESTE ATENÇÃO!

Os navegadores web costumam oferecer a opção de o usuário ver a codificação da página, o que pode ser uma ferramenta útil para a aprendizagem da construção de sites, a saber:

No Chrome: menu Ferramenta→ Exibir código-fonte

No Firefox: menu Ferramentas → Desenvolvimento web → Código-fonte da página

---

A Figura 2.3 apresenta dois casos diferentes de geração de páginas dinâmicas, sendo (a) do lado do servidor, com o uso de PHP, e (b) do lado do cliente, com o uso de JavaScript.

Figura 2.3 – **Geração de páginas dinâmicas**

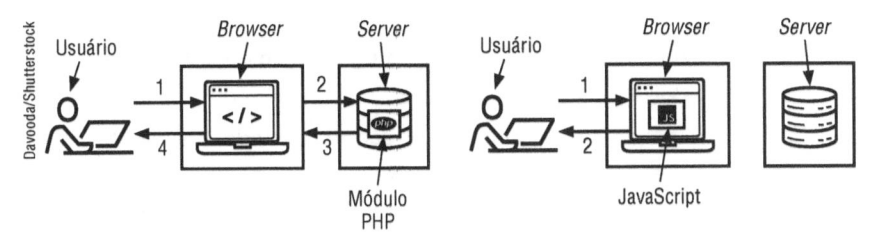

Fonte: Tanenbaum, 2003, p. 491, tradução nossa.

Apesar do nome *JavaScript*, note que essa linguagem de programação não mantém relação com a outra linguagem de designação similar, a Java, e que – tendo sido criada em 1995 por Brendan Eich – tornou-se padrão em 1997 e seu nome verdadeiro é ECMAScript.

IMPORTANTE!

Para finalizar, revise alguns conceitos e tecnologias:

- **HTML**: linguagem de marcação para a construção de páginas web. Define o conteúdo das páginas.
- **CSS**: linguagem que aplica estilo às páginas web. Define o *layout* e o design das páginas.
- *Front-end*: referente à interface de interação do sistema com o usuário, na qual é possível usar HTML, CSS e JavaScript (no lado do cliente);
- *Back-end*: sistema por trás da interface do usuário, no qual se usam linguagens de programação e se acessa o banco de dados (no lado do servidor);

- **Exemplo de servidor web**: o *software* livre Apache, o mais usado no mundo.
- **Exemplos de linguagens de programação do lado do servidor**: PHP, ASP e Perl.
- **Exemplo de linguagem de *scripts* do lado do cliente**: JavaScript. Define o comportamento das web páginas.

No próximo capítulo, apresentaremos alguns princípios de design digital úteis para o webdesign, além de verificarmos como ocorre a aplicação de estilos à estrutura em HTML de um site, com o uso de CSS.

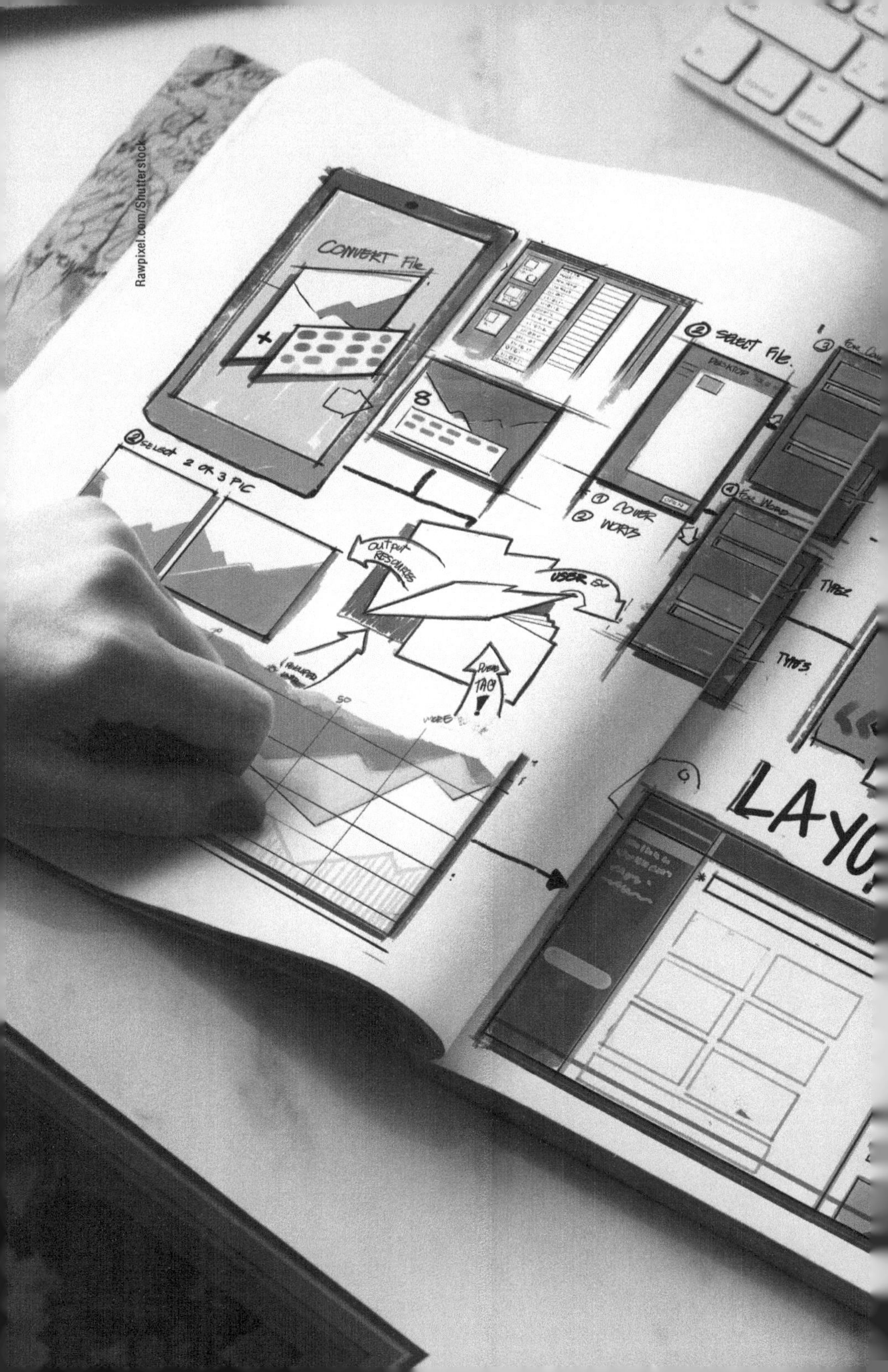

Rawpixel.com/Shutterstock

Capítulo 3

FUNDAMENTOS DO WEBDESIGN

No capítulo anterior, conhecemos as bases da linguagem de marcação de hipertexto, a HTML, ao examinarmos a estrutura básica de uma página web. Agora, faremos uma introdução à linguagem com folhas de estilo em cascata, a CSS, indicando sua contribuição na aplicação de estilo às páginas web.

Ainda, apresentaremos alguns fundamentos do webdesign. Para tanto, perpassaremos os princípios do design, a tipografia, as cores e as imagens. Uma vez que lidaremos com a criação e a edição de peças, também abordaremos a noção de propriedade intelectual (questão imprescindível), para, depois, evidenciarmos certos conceitos em imagem digital e como aplicá-los no webdesign com o uso de CSS.

3.1 CSS: aplicando estilo às páginas HTML

Como explicamos, CSS é a sigla de Cascading Style Sheets, ou seja, "folhas de estilo em cascata" ou, em uma tradução menos corrente, "planilhas de estilo em cascata". Nesta seção, seguindo um dos padrões recomendados pelo World Wide Web Consortium (W3C) – que já se encontra na versão CSS3 –, adotaremos a primeira tradução.

CSS é uma linguagem poderosa que serve para aplicar inúmeras opções de estilo às páginas HTML, isto é, indica como os elementos devem ser apresentados na tela, no papel e em outros dispositivos. Vimos que a própria HTML dispõe de *tags* que formatam o conteúdo da página ou ajudam a definir seu estilo. Não é recomendável, no entanto, essa aplicação de estilo no mesmo documento HTML, que se deve centrar na estrutura e na definição dos elementos dos sites e, ainda, na apresentação do conteúdo desses arranjos.

O uso de documentos CSS orienta esse processo, separando o estilo do código HTML, o que, para Marinho (2012, p. 28), é uma revolução com os seguintes benefícios: "controle do layout de vários documentos a partir de uma simples folha de estilos; maior precisão no controle do layout; aplicação de diferentes layouts para servir diferentes mídias (tela, impressora, etc.); emprego de variadas, sofisticadas e avançadas técnicas de desenvolvimento". Quer dizer, a expressão *em cascata* de seu nome remete ao fato de possibilitar a aplicação de um mesmo código CSS em várias páginas, atribuindo a mesma aparência a todo o site e otimizando o trabalho dos webdesigners (W3Schools, 2021a).

Conforme a W3Schools (2021a), a **sintaxe básica** do código CSS consiste em um elemento **seletor** e sua declaração, que é composta por **propriedades** e seus **valores**, como podemos verificar nos seguintes casos:

Exemplo 1:

```
p {color: blue; font-size: 11;}
```

Exemplo 2:

```
p{
  color: blue;
  font-size: 11;
}
```

Os Exemplos 1 e 2 apresentam o mesmo resultado: mostram que o texto contido nas *tags* de parágrafo `<p>` devem apresentar a cor azul e o tamanho de fonte 11 – sendo *p* o seletor; *color* e *font-size*, as propriedades; e *blue* e *11*, os respectivos valores.

Em CSS, o elemento seletor pode ser:

Exemplo 3 – um ou mais elementos HTML:

```
h1, p {color: blue; font-size: 11;}
```

O Exemplo 3 declara que tanto os títulos quanto os parágrafos terão fonte de cor azul e tamanho 11.

Exemplo 4 – o seletor universal:

```
* {color: blue; font-size: 11;}
```

O Exemplo 4 indica que todas as fontes devem ser azuis e de tamanho 11.

Exemplo 5 – uma classe:

```
.nomeclasse {color: blue; font-size: 11;}
```

Exemplo 6 – um identificador único id[1]:

```
#nomeid {color: blue; font-size: 11;}
```

Entendida a sintaxe básica, você pode se perguntar: Como eu aplico CSS em um documento HTML? Isso pode ser feito de três formas, a depender da necessidade: *inline*, interno (*embedded*) e externo (*linked*).

---

1   Explanaremos mais sobre essas duas últimas possibilidades (classes e *id*) em momento oportuno.

O código **CSS *inline*** é a aplicação das codificações CSS diretamente nos elementos HTML usando-se o atributo style="...", como mostramos no Exemplo 7, a seguir. Dessa forma, o estilo só diz respeito ao elemento em questão e não interfere nos demais.

Exemplo 7:

```
<!DOCTYPE html>
<html>
  <body>
    <h1 style="color:blue; font-size: 11;"> CSS inline </h1>
  </body>
</html>
```

O **CSS interno** é aplicado inserindo-se declarações, que são válidas para todo o documento, entre as *tag* `<style>` e `</style>`, as quais devem ser alocadas no cabeçalho do documento CSS, ou seja, entre as *tags* `<head>` e `</head>`.

Exemplo 8:

```
<!DOCTYPE html>
<html>
  <head>
    <style>
      h1, p {
        color: blue;
        font-size: 11;
      }
```

```
    </style>
  </head>
  <body>
    <h1>CSS Internal</h1>
  </body>
</html>
```

Para utilizar de um documento **CSS externo**, é preciso chamar um documento CSS – um arquivo de texto salvo com a extensão ".css" – no cabeçalho do documento HTML com o uso da *tag* `<link>` e atributos.

Exemplo 9:

```
<!DOCTYPE html>
<html>
  <head>
    <link rel="stylesheet" type="text/css" href="mystyle.css">
  </head>
  <body>
    <h1>CSS externo</h1>
  </body>
</html>
```

Embora adequadas em algumas situações, as formas *inline* e interna podem poluir o código da página web. Para evitar esse problema, direcionando-se o código HTML para a estrutura e o conteúdo, o CSS externo é a opção mais indicada.

Note, leitor, que o mesmo documento CSS pode ser usado em diversas páginas do site, o que evita o retrabalho de repetir o código CSS. Na verdade, o mesmo arquivo CSS pode, ainda, ser usado em outros sites ou servir de base para a criação de documentos derivados.

Ademais, é possível usar mais de uma forma de CSS em uma mesma página web, atentando-se para a ordem de precedência ou de prioridade:

1. CSS *inline*
2. CSS externo e interno
3. CSS padrão do navegador

A ordem de chamada e declaração do CSS externo e interno na *tag* `<head>` interfere no resultado final. Observe os exemplos a seguir, assumindo que, no documento estilo.css, haja a declaração `h1 {color: blue;}`. Agora, tente prever qual seria a cor do título.

Exemplo 10:

```
<head>
<style>
  h1 {
  color: orange;
  }
</style>
<link rel="stylesheet" type="text/css" href="estilo.css">
</head>
```

Exemplo 11:

```
<head>
<link rel="stylesheet" type="text/css" href="estilo.css">
<style>
h1 {
color: orange;
}
</style>
</head>
```

A última declaração sobrescreve a anterior. Dessa forma, no Exemplo 10, o CSS externo prevalece, já no Exemplo 11, o CSS interno. Assim, o resultado obtido é:

- Exemplo 10: título azul.
- Exemplo 11: título laranja.

O Quadro 3.1 elenca mais possibilidades de uso de CSS na definição de estilo do plano de fundo (*background*), das bordas (*border*), das margens (*margin*) e do recuo (*padding*).

Quadro 3.1 – **Propriedades CSS mais comuns para definição de estilo de plano de fundo, bordas, margens e recuos**

Propriedade	Descrição e valores
background	Declaração abreviada: background {cor imagem repeat attachment position}.
background-color	Valores: nome, hexadecimal, rgb, hsl.
background-image	background-image: url("nomeimagem.jpg").

(continua)

(Quadro 3.1 – conclusão)

Propriedade	Descrição e valores
background-repeat	Repetição da imagem do background. Valores: no-repeat, repeat-o, repeat-y.
background-attachment	Valores: fixed, scroll.
background-position	Valores: top, right, bottom, left ou uma combinação.
border	Declaração abreviada: border: {tamanho estilo cor}. Lados: top, right, bottom, left. Pode ser usado em conjunto com outras propriedades, como em: borde-top-style ou border-left-color.
border-style	Valores: dotted, dashed, solid, double, groove, ridge, inset, outset, none, hidden.
border-width	Valores: numérico em px e pt, ou thin, medium, thick.
border-color	Valores: nome, hexadecimal, rgb, hsl.
margin	Lados: margin-top, margin-right, margin-bottom, margin-left. Declaração abreviada: margin: {top right bottom left} (4 valores); margin: {top right/left bottom} (3 valores); margin: {top/bottom right/left} (2 valores); margin: {top/ right/bottom/left} (1 valor). Valores: numérico em px, pt e %, ou auto, inherit.
padding	Lados: padding-top; padding-right; padding-bottom; padding-left. Declaração abreviada: padding: {top right bottom left} (4 valores); padding: {top right/left bottom} (3 valores); padding: {top/bottom right/left} (2 valores); padding: {top/ right/bottom/left} (1 valor). Valores: numérico em px, pt e %, ou inherit.

Fonte: Elaborado com base em W3Schools, 2021c.

3.2 Fundamentos do design

Nesta seção, apresentaremos os princípios básicos do design, da tipografia e das cores, bem como de que maneira esses conceitos são trabalhados em código CSS.

3.2.1 **Princípios do design**

Para Williams (2005), embora sem formação para criar peças gráficas, todas as pessoas conseguem formular uma opinião sobre se gostaram ou não de algo. Nem sempre é possível identificar o que não agrada em uma peça; no entanto, uma vez que sabemos nomear um problema, é mais fácil propor soluções. Por isso, a autora considera que mesmo quem não é designer pode confeccionar peças atraentes com base nos conceitos centrais do design, explorados na obra *Design para quem não é designer: noções básicas de planejamento visual* (Williams, 2005), que são: (1) proximidade, (2) alinhamento, (3) repetição e (4) contraste.

A **proximidade** é um princípio relacionado à disposição e à organização de informações e elementos de uma peça gráfica, a fim de que se mostrem como sendo de mesmo tipo ou categoria. Em outras palavras, "itens relacionados entre si devem ser agrupados e aproximados uns dos outros, para que sejam vistos como um conjunto coeso e não como um emaranhado de partes sem ligação" (Williams, 2005, p. 15).

Como aplicá-la? Forme unidades visuais com elementos similares; separe itens de título, texto explicativo e informações de contato; agrupe itens em categorias; use espaços em branco para separar itens não pertencentes ao mesmo grupo; use caixas, bordas e negrito para agrupar os semelhantes; e recorra a pesos, tipos e tamanhos diferentes nas fontes.

O que deve ser evitado nesse processo? Muitos elementos separados; usar apenas cantos e centro do material; e empregar a mesma quantidade de espaços em branco para todos os elementos, dificultando o entendimento sobre qual conjunto cada elemento integra.

A Figura 3.1, a seguir, ilustra uma aplicação inadequada e outra mais apropriada do conceito de proximidade.

Figura 3.1 – **Errado e certo em termos de proximidade**

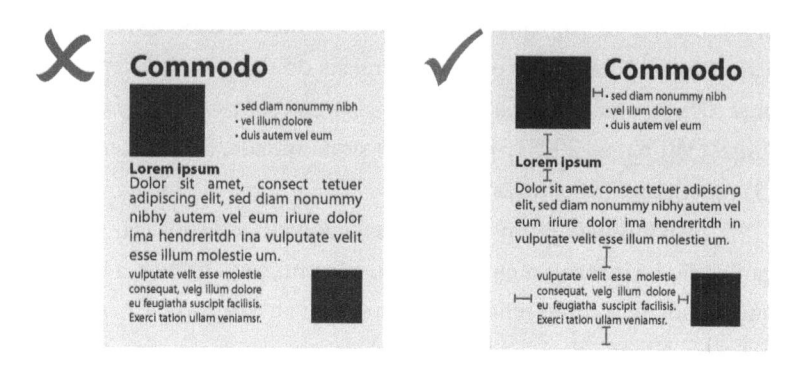

[figure: Exemplos "errado" (X) e "certo" (✓) com blocos "Commodo" e "Lorem ipsum"]

Fonte: Os 4 princípios..., 2021.

Para Williams (2005, p. 31), "segundo o princípio do alinhamento, nada deve ser colocado arbitrariamente em uma página. Cada item deve ter uma conexão visual com algo". Portanto, devemos ter consciência do posicionamento dos elementos da peça e assumir a existência de linhas-guias que denotem uma ligação entre eles. O **alinhamento** reforça, assim, o sentido de unidade e organização que a totalidade da peça deve transmitir ao leitor.

Como aplicá-lo? Use linhas guias invisíveis para demarcar as bordas; empregue as ferramentas de régua ou de fundo quadriculado para medir distâncias; alinhe os elementos considerados semelhantes segundo o critério da proximidade; e prefira o alinhamento à esquerda, visto que as pessoas já estão acostumadas com esse tipo de leitura.

O que deve ser evitado nesse processo? Exagerar nos tipos de alinhamento para os blocos de textos de uma mesma página (centralizado, esquerda, direita e justificado); e usar o alinhamento centralizado em textos, principalmente se não forem bem curtos, pois isso dificulta a legibilidade.

A Figura 3.2 exemplifica uma aplicação errada e outra certa do princípio de alinhamento.

Figura 3.2 – **Errado e certo em termos de alinhamento**

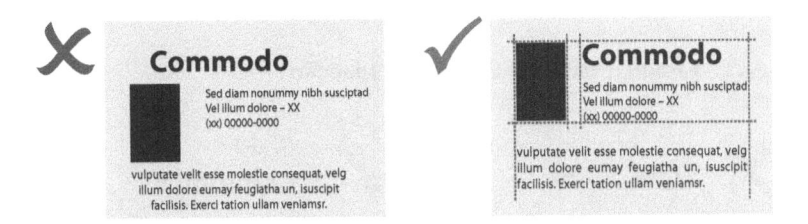

✗ Commodo
Sed diam nonummy nibh susciptad
Vel illum dolore – XX
(xx) 00000-0000

vulputate velit esse molestie consequat, velg illum dolore eumay feuglatha un, isuscipit facilisis. Exerci tation ullam veniamsr.

✓ Commodo
Sed diam nonummy nibh susciptad
Vel illum dolore – XX
(xx) 00000-0000

vulputate velit esse molestie consequat, velg illum dolore eumay feuglatha un, isuscipit facilisis. Exerci tation ullam veniamsr.

Fonte: Os 4 princípios..., 2021.

Já a **repetição** visa garantir o sentido de unidade e de consistência, além de despertar o interesse visual do leitor. Conforme Williams (2005, p. 49), ela indica que "algum aspecto de design deve repetir-se no material inteiro", o que pode corresponder a fontes, decorações, elementos gráficos, efeitos etc. Uma vez que esses elementos são replicados, há uma sugestão de planejamento que evidencia a consistência das escolhas feitas na composição da peça.

Como aplicá-la? Repita o negrito para destacar as informações mais importantes, como títulos, subtítulos e contato; repita o padrão de cores da marca ao longo dos títulos e/ou elementos de destaque, como os *bullets* das listas ou os elementos gráficos; reutilize os tipos de fontes; use o mesmo alinhamento ou esquema de agrupamentos de itens semelhantes; e reuse elementos gráficos ao longo da página.

O que deve ser evitado nesse processo? Sobretudo exagerar na repetição de um mesmo elemento, para não torná-lo confuso ou irrelevante.

A Figura 3.3, a seguir, demonstra uma aplicação inadequada e outra mais adequada do princípio de repetição ou consistência.

Figura 3.3 – **Errado e certo em termos de repetição**

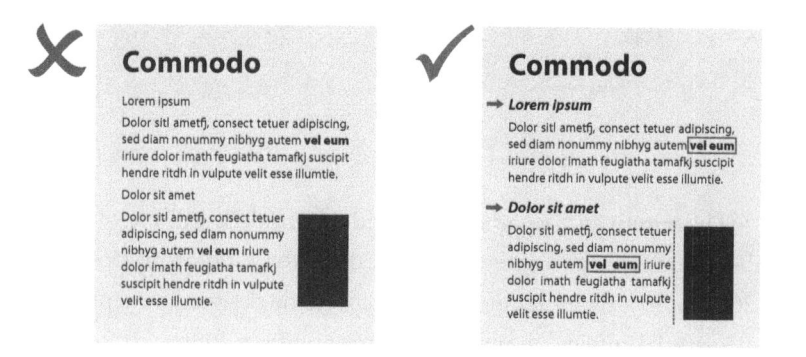

Fonte: Os 4 princípios..., 2021.

O **contraste** é um princípio que visa à diferenciação, tornando o elemento atrativo aos olhos do leitor. Segundo Williams (2005, p. 49), "cria-se o contraste quando dois elementos são diferentes.

Se eles diferirem um pouco, mas não muito, não acontecerá contraste, e sim conflito. [...] se dois itens não forem exatamente os mesmos, diferencie-os completamente".

Como aplicá-lo? Empregue negrito, cores e tamanhos em elementos de tipografia, imagens, títulos, planos de fundo e de frente.

O que deve ser evitado nesse processo? Usar parâmetros muito discretos na diferenciação, uma vez que esta deve ser marcante na peça.

A Figura 3.4, a seguir, demonstra uma aplicação inadequada e outra mais apropriada do princípio de contraste.

Figura 3.4 – **Errado e certo em termos de contraste**

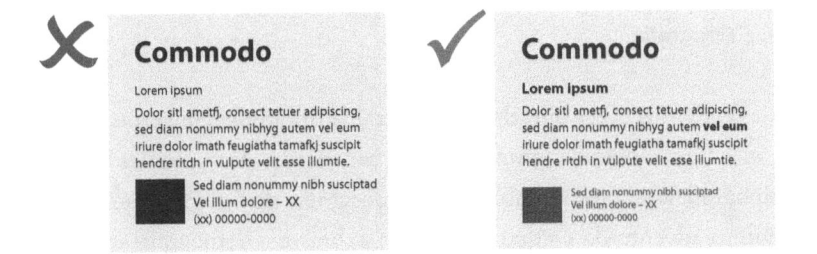

✗ **Commodo**
Lorem ipsum
Dolor sitl ametfj, consect tetuer adipiscing, sed diam nonummy nibhyg autem vel eum iriure dolor imath feugiatha tamafkj suscipit hendre ritdh in vulpute velit esse illumtie.

Sed diam nonummy nibh susciptad
Vel illum dolore – XX
(xx) 00000-0000

✓ **Commodo**
Lorem ipsum
Dolor sitl ametfj, consect tetuer adipiscing, sed diam nonummy nibhyg autem **vel eum** iriure dolor imath feugiatha tamafkj suscipit hendre ritdh in vulpute velit esse illumtie.

Sed diam nonummy nibh susciptad
Vel illum dolore – XX
(xx) 00000-0000

Fonte: Os 4 princípios..., 2021.

De acordo com a referida autora, com relação à criação de sites,

a repetição é o mais importante [...]. Os outros três princípios ajudam a aperfeiçoar a aparência das páginas e a dar-lhes sentido, mas a repetição faz com o que os visitantes saibam que ainda estão navegando pelo mesmo site. É importante ter um sistema de navegação e um estilo gráfico consistentes, para que os usuários sempre saibam que estão no mesmo site. A repetição de uma cor, das mesmas fontes, botões ou elementos gráficos com a mesma identidade visual, colocados na mesma posição em cada página, é uma estratégia eficaz. (Williams, 2005, p. 117)

Um princípio pode, desse modo, reforçar outros, visto que, de forma geral, buscam uma unidade visual, mantendo a consistência de estilos e esquemas ao longo da peça, destacando e diferenciando os elementos entre si. Assim, é importante que todos trabalhem conjuntamente para o alcance de um equilíbrio.

Existem, é evidente, outros conceitos de design que podem colaborar para o sucesso de uma peça gráfica, porém os quatro vistos até o momento representam um bom e grande começo para as atividades de análise e criação gráfica.

3.2.2 Tipografia

Podemos dizer que, de forma geral, a tipografia concerne à criação e à impressão de fontes ou tipos. Se, antes, o domínio das fontes tipográficas era responsabilidade de designers de tipos ou tipógrafos, com o advento da computação gráfica, houve a democratização da área, o que beneficiou designers gráficos e amadores.

As fontes pertencem às famílias de fontes nominadas, podendo ser proprietárias ou livres, o que faz com que designers as escolham com cuidado, pensando em questões de compatibilidade, por exemplo. Outras questões que devem ser consideradas nessa seleção são: a relação entre as fontes, as categorias dessas fontes, as características e os possíveis contrastes que podem ser aplicados.

Parte do trabalho do design é escolher ou sugerir a tipografia a ser utilizada nas peças gráficas. Essa tipografia pode contemplar um conjunto de fontes, que, a depender do resultado almejado, estabelecem as seguintes **relações entre tipos**, conforme Williams (2005):

- **Concordância:** é a relação resultante do uso de apenas uma família de fontes e com poucas variações em seus formatos, pesos e estilos, o que resulta em um design considerado mais calmo e mais formal. Os demais elementos do design também tendem a concordar ou harmonizar com a fonte. Essa relação é fácil de ser criada, porém tende a ser menos atrativa.
- **Contraste:** é a relação resultante da adoção de fontes e elementos de tipos diferentes e distantes, o que enfatiza a diferença e aumenta a possibilidade de atrair olhares dos leitores, sendo, por isso, uma relação mais difícil de ser estabelecida.
- **Conflito:** é a relação intermediária entre a concordante e a contrastante, pois usa famílias de fontes diferentes, mas que não diferem muito entre si a ponto de enfatizar um contraste. É uma relação fácil de ser criada, mas altamente indesejável.

A compreensão das categorias dos tipos é fundamental para a análise das relações decorrentes das escolhas de fontes, pois, assim, passa-se a entender o que há de similar e o que há de diferente entre as mais diversas fontes existentes. As **categorias de tipos** são:

- **Estilo antigo:** remete à escrita manual feita à pena pelos escribas. É ideal para textos mais longos. Caracteriza-se desta maneira:
  › presença de serifa – decorações que aparecem como traços que prolongam algumas letras;
  › serifas inclinadas nas letras minúsculas;

> transição grosso-fino moderada nos traços das letras;
> ênfase diagonal – as partes finas dos traços das letras são desenhadas de forma diagonalmente oposta;
> exemplos: Times, Goudy, Pallatio, Baskerville e Palatino.
- **Moderno**: tem uma estética elegante e marca a mecanização da imprensa. Caracteriza-se da seguinte maneira:
  > ênfase vertical;
  > serifas horizontais nas letras minúsculas;
  > transição grosso-fino radical;
  > exemplos: Times Bold, Tibetan Machine Uni, Ultra, Onyx.
- **Serifa grossa**: surgiu diante da necessidade de a publicidade tornar as fontes mais legíveis a certa distância. Praticamente, é um tipo moderno, com traços finos mais evidentes. Essa categoria, apesar de empregada pela autora neste livro, não é comumente usada no Brasil, onde se consideram apenas o com e o sem serifa. Caracteriza-se da seguinte maneira:
  > serifas grossas e horizontais nas letras minúsculas;
  > transição grosso-fino sutil ou inexistente;
  > ênfase vertical;
  > exemplos: Clarentdon, Memphis, New Century Schoolbook.
- **Sem serifa (ou *sans serif*)**: uma evolução nas fontes, que passam a ter um peso igual ao longo de seus traços, é ideal para textos mais curtos. É possível encontrar variações com uma leve transição grosso-fino; sendo assim, esse tipo fica entre as fontes sem serifas e as com serifas, o que dificulta o contraste com as usadas em conjunto com famílias de fontes pertencentes às duas categorias. Caracteriza-se desta maneira:

› não há serifas;
› não há transição grosso-fino;
› não há ênfase;
› exemplos: Antique Olive, Formata, Garuda, Dejavu Sans.
- **Manuscrito**: entre todos os tipos que parecem escritos à mão, há os que as letras se ligam, os que imitam estilos caligráficos tradicionais e os que simulam o processo de impressão manual – como Chancery, Arid e UnPilgi.
- **Decorativo**: consegue expressar emoções e outros significados por si só, podendo ser engraçado e alegre, como Neat Chalk e RC.

A Figura 3.5 exemplifica os tipos mencionados.

Figura 3.5 – **Diferentes tipos de fontes**

Estilo antigo   Serifado   Sem serifa

Manuscrita   Decorativa

PRESTE ATENÇÃO!

Para conhecer e mesmo baixar fontes, visite o Dafont, que tem inúmeras categorias entre domínio público e gratuitas para uso pessoal.

DAFONT. Disponível em: <https://www.dafont.com/pt/>. Acesso em: 28 jan. 2021.

Outras **características** que podem ser observadas nas fontes são:

- **Ascendentes:** tamanho das partes que ficam acima do tamanho padrão de letras, como o que acontece com "l", "t" e "d".
- **Descendentes:** tamanho das partes que ficam abaixo das linhas base, como o que acontece com "g", "q" e "p".
- **Expansão/condensação:** espaço lateral ocupado pelas letras.

Vejamos agora várias maneiras de o **contraste de tipos** ser realizado em separado ou em conjunto:

- **Tamanho:** sua variação pode ser usada no caso de concordância ou não de tipos de fontes. Esse tipo de contraste pode residir na diferença de tamanho das fontes em comparação ao espaço em branco ao seu redor, como ao se deixar excessivo espaço entre um título e os textos, ambos com o mesmo tamanho. A caixa-alta é uma possibilidade, mas deve ser empregada com muita moderação e pode ser substituída pelo tipo a seguir.
- **Peso:** refere-se à espessura dos traços que compõem as letras e pode assumir diferentes formas, como *regular, bold, semibold, extrabold* ou *light*. Bastante usado para destaques e títulos, dando-lhes uma ideia de organização.
- **Estrutura:** tem a ver com a construção das fontes, a transição grosso-fino (ausente, moderada, radical) e a ênfase (ausente, vertical, diagonal). Algumas dicas quanto a essa modalidade são: não usar duas fontes da mesma categoria, pois podem não variar em estrutura; não usar duas fontes do tipo sem serifa ou duas do tipo com serifa, se for iniciante; no caso de duas fontes do mesmo tipo, use-as com estruturas bastante diferentes.

- **Forma:** é rapidamente percebida no contraste das versões maiúscula e minúscula das letras. Palavras em caixa-alta tendem a ter uma mesma forma retangular, o que dificulta a leitura se usadas em excesso. Palavras em caixa-baixa, por sua vez, tendem a ter maior variação de forma (ascendentes e descendentes), tornando-se mais fáceis de ler. Outra variação de forma é o reto (*roman*) *versus* o inclinado (*italic*). Como as fontes em itálico parecem-se com as manuscritas, não devem ser combinadas.
- **Direção:** conferida por meio da inclinação do texto ou do uso de uma caixa mais comprida (sensação de movimento para baixo e horizontalidade) e outra caixa mais larga (ideia de verticalidade).
- **Cor:** é possível contrastar cores quentes e frias e, ainda, explorar variações de preto-branco ou escalas de cinza.

Diante de tantas possibilidades, lembre-se: a tipografia escolhida deve ser, além de envolvente, legível!

PRESTE ATENÇÃO!

Você sabia que a Google coordena um projeto que visa tornar a web mais rápida e livre e que disponibiliza centenas de web fontes? Conheça essa biblioteca de fontes, colabore com ela e baixe algumas famílias em:

GOOGLE FONTS. Disponível em: <https://fonts.google.com/>. Acesso em: 28 jan. 2021.

Textos e fontes em CSS

Em complemento ao estudo aqui empreendido, no Quadro 3.2, observe como a linguagem CSS aplica estilos aos textos em função de múltiplos parâmetros, como cores, decoração, alinhamento, tamanho e tipos de fonte.

Quadro 3.2 – **Propriedades CSS comuns para definição de estilo de textos e tipos de fonte**

Propriedade	Descrição e valores
text	Define o estilo do texto, independentemente do tipo da fonte.
color	Aplica cor ao texto. Valores: nome, hexadecimal, rgb.
text-align	Alinhamento horizontal do texto. Valores: center, left, right, justify.
vertical-align	Alinhamento vertical de um elemento (como uma imagem) em relação à linha do texto. Valores: top, middle, bottom.
text-decoration	Adiciona decoração como sublinhado e tachado. Valores: none, overline, line-through, underline.
text-transform	Transforma o texto em subscrito, sobrescrito ou enfatiza a primeira letra. Valores: uppercase, lowercase, capitalize.
font	Declaração abreviada: font {style variant weight size/line-height family}, sendo que font-size e font-family são obrigatórios.
font-family	Especifica do tipo particular ao tipo mais genérico de fonte, para se adequar às possibilidades suportadas pelo navegador. Valores: nome da fonte, nome geral da família da fonte, tipo da fonte Ex.: "Times New Roman", Times, Serif.
font-style	Define o tipo da fonte como normal, itálico e oblíquo. Valores: norma, italic, oblique.

(continua)

(Quadro 3.2 – conclusão)

Propriedade	Descrição e valores
font-weight	Determina se a fonte será normal ou negritada. Valores: normal, bold.
font-size	Define o tamanho do texto. Valores: numérico em pt, % e em cm.
font-variant	Indica se as fontes minúsculas podem ser transformadas em maiúsculas, mantendo-se ou não as iniciais maiores (versalete). Valores: normal, small-caps.

Fonte: Elaborado com base em W3Schools, 2021c.

3.2.3 Cores

Nesta seção, explicaremos brevemente tópicos da teoria das cores. Inicialmente, as cores podem ser classificadas em primárias, secundárias e terciárias.

As **cores primárias** são aquelas cores básicas a partir das quais é possível criar outras tonalidades. Podem-se considerar três sistemas de cores primárias:

- As cores primárias da luz: **sistema RGB** – "R" para *red* (vermelho), "G" para *green* (verde) e "B" para *blue* (azul).
- As cores primárias para impressão: **sistema CYM** – "C" para *cyan* (ciano), "Y" para *yellow* (amarelo) e "M" para *magenta* (magenta).
- As cores primárias na pintura: **sistema RYB** – "R" para *red*, "Y" para *yellow* e "B" para *blue*.

As **cores secundárias** são obtidas por meio da mistura de pares de cores primárias, são elas:

- RGB: amarelo, ciano e magenta (as mesmas cores do sistema CYM).
- CYM: azul, vermelho e verde (as mesmas cores do sistema RGB).
- RYB: laranja, verde e roxo.

Já a mistura de uma cor primária com uma cor secundária gera uma **cor terciária**.

Uma forma visual de organizar as cores é por intermédio do círculo de cores (*color wheels*), que demonstra a relação entre cores primárias, secundárias e terciárias e suas diferentes tonalidades. É usual encontrá-lo em editores de imagens, como no GIMP, apresentado na Figura 3.6.

Figura 3.6 – **Ferramenta Alterar Cor do editor de imagens GIMP**

As cores podem variar em tonalidade de acordo com:

- **Matiz de cor** (*color hue*): determina a cor dentro do espectro de cor, ou seja, se é vermelha, verde etc. Exemplo: #ff0000, #ff8000 e #ffff00.
- **Saturação** (*saturation*): define o quão intensa é uma cor, indo do branco ao valor mais brilhante da tonalidade. Quanto mais saturada a cor, mais intensa. Quanto menos saturada, menos pigmentada. Exemplo: #ff0000, #cc3333 e #996666.
- **Valor da cor** (*color value*): define o quão clara ou escura é uma cor, isto é, concerne ao seu nível de brilho (ou luminosidade). Exemplo: #ff0000, #ff8080 e #800000.

Na Figura 3.7, observe que a cor selecionada é uma tonalidade de rosa (ou roxo, como preferir). O valor H=294 aponta seu espectro, S=87 indica que está bastante saturada (ou seja, há pouco branco nela) e V=88 sinaliza que está bem brilhante (ou seja, distante do campo escuro). Os valores seguintes referem-se às quantidades de cores vermelha (R), verde (G) e azul (B) e à codificação hexadecimal (a notação HTML), nesse caso, #cb1de0.

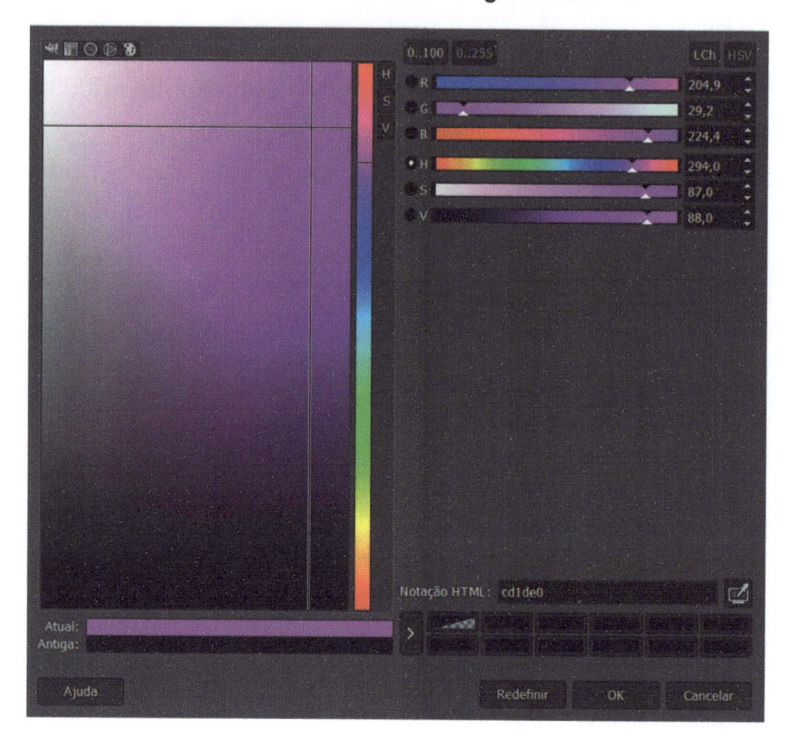

Figura 3.7 – **Ferramenta de cor do editor de imagens GIMP**

Os **esquemas de cores** (ou harmonia de cores) são formas lógicas de combinação de cores para uma aplicação harmoniosa em peças gráficas e outros materiais. Os esquemas podem ser:

- **Monocromáticos**: usam a mesma cor em diferentes tons; logo, as cores apresentam a mesma matiz.
- **Analógicos**: usam cores próximas e, por isso, podem transmitir emoções similares.

- **Complementares:** usam cores opostas e, por isso, podem transmitir emoções também contrárias.
- **Complementares divididos:** usam cores adjacentes à cor oposta.
- **Triático:** usam cores igualmente separadas (formando um triângulo no círculo de cor, por exemplo), ficando, assim, entre os esquemas analógico e complementar.

As cores podem, ainda, transmitir emoções e significados (que variam conforme os lugares e suas respectivas culturas), tal como exposto no Quadro 3.3. A **psicologia das cores** estuda de que maneira elas influenciam as percepções, os comportamentos e as tomadas de decisão das pessoas, por exemplo, na compra de bens e serviços. Esse conhecimento é, então, muito importante para que a área de *marketing* empreenda comunicações mais efetivas e crie marcas impactantes.

Quadro 3.3 – **Psicologia das cores**

Cor	Sensações e significados
Vermelho Grande atração sobre o olho humano	Energia: força, poder e excitação Perigo: fogo, urgência, sinal de alerta Paixão: apetite, emoção e amor
Verde A cor mais relaxante	Natureza: fertilidade, frescor Segurança: boa saúde, cura, sinal livre Harmonia: paz, calma e tranquilidade
Azul A cor mais usada no mundo empresarial	Tranquilidade: água, mar, oceano, profundidade, clima, paz, céu Qualidade: conservadorismo, estabilidade, inteligência e produtividade Confiança: verdade

(continua)

(Quadro 3.3 – conclusão)

Cor	Sensações e significados
Amarelo Uma cor alegre	Energia: brilho do sol, clareza, calor Otimismo: positividade, alegria, felicidade, juventude
Preto Muito usada em artigos de luxo	Autoridade: poder, elegância e formalidade Mistério: mal, medo e morte
Cinza Uma cor neutra e conservadora	Segurança, confiabilidade, profissionalismo e conhecimento clássico
Branco Representa pureza	Limpeza, neutralidade, inocência, bondade

Fonte: Elaborado com base em W3Schools, 2021b.

Cores em CSS

Na linguagem CSS, as cores são especificadas por meio de:

- **Nomes**: são suportados ou aceitos por todos os navegadores web até 140 nomes padronizados. Exemplos: *red, tomato, blue, dodgerblue, yellow, orange, green, mediumseagreen, purple, violet, gray, lightgray, white.*
- **Valores RGB**: cada valor varia de 0 (ausência da cor) a 255 (totalidade da cor), o que permite 256 opções para cada cor e uma combinação de mais de 16 mil cores.
    › notação: rgb (255, 0, 0);
    › variação com canal alfa (transparência): rgba (255, 0, 0, 0.5), dando um vermelho com 50% de transparência.
- **Código hexadecimal**: nesse sistema, a contagem é feita de 0 a 9, seguida por A (10), B (11), C (12), D (13), E (14) e F (15), o que totaliza 16 números.
    › para a formação de cores, cada par remete a uma cor básica (RGB);

- 00 significa a falta da cor, e FF, seu máximo;
- #000000 representa a falta de todas as cores, ou seja, o preto;
- #FFFFFF representa a mistura de todas as cores, ou seja, o branco;
- no caso de valores repetidos, como #000000 ou #7733AA, é possível usar #000 e #73A, respectivamente;
- exemplo: #AA0012, sendo AA para "R", 00 para "G" e 12 para "B", que corresponde a uma tonalidade de vermelho escuro.

PRESTE ATENÇÃO!

Acesse o *link* a seguir, para conhecer outras opções de nomes de cores (em inglês), bem como seus códigos hexadecimais, que são suportadas por todos os navegadores de internet.

W3CSCHOOLS. **HTML Color Names**. Disponível em: <https://www.w3schools.com/colors/colors_names.asp>. Acesso em: 28 jan. 2021.

EXEMPLO PRÁTICO

Para concluir o estudo das cores, analise um exemplo de documento HTML com CSS *inline* para aplicação de cores em títulos, corpo de texto, borda e plano de fundo:

```
<!DOCTYPE html>
<html>
  <body>
```

```html
<h1 style="color:Tomato; border:2px solid Tomato;">
Aplicando "cores com CSS</h1>
<p style="color:#FFF; background-color:Tomato;">
Podemos aplicar cores em textos, bordas e planos
de fundo. E podemos usar as cores com seus nomes ou
usando códigos rgb ou hexadecimal.</p>
<p style="color: rgba(255, 0, 0, 0.6)">São muitas
possibilidades!</p>
</body>
</html>
```

3.3 Propriedade intelectual

Via de regra, quando alguém faz menção à criação de sites, emerge a questão dos textos, das ilustrações e das fotografias que irão compor as páginas. Contudo, não podemos usar obras de outras pessoas apenas porque estão disponíveis na internet. A depender do caso, infringem-se questões de propriedade intelectual (PI), "a área do Direito que, por meio de leis, garante a inventores ou responsáveis por qualquer produção do intelecto – seja nos domínios industrial, científico, literário ou artístico – o direito de obter, por um determinado período de tempo, recompensa pela própria criação" (Aspi, 2021).

Para a Organização Mundial de Propriedade Intelectual (Ompi), a PI está dividida em:

- Propriedade industrial: "as patentes de invenções [...], marcas, desenhos industriais, indicação geográfica e proteção de cultivares" (Aspi, 2021).
- Direito autoral: "trabalhos literários (como novelas, poemas e peças), filmes, música, trabalhos artísticos ([...] desenhos, pinturas, fotografias e esculturas) e obras arquitetônicas, além de direitos conexos como os pertinentes aos intérpretes e fonogramas" (Aspi, 2021).

No caso de criações para a web, trata-se do **direto autoral**, cuja função é garantir que o autor possa disponibilizar suas obras sem prejuízos a seu reconhecimento e à sua remuneração. Por isso, o uso de textos, ilustrações e fotografias deve ser analisado cuidadosamente, para não caracterizar plágio. Por exemplo, "o plágio acadêmico se configura quando um aluno retira, seja de livros ou da Internet, ideias, conceitos ou frases de outro autor (que as formulou e as publicou), sem lhe dar o devido crédito, sem citá-lo como fonte de pesquisa" (UFF, 2010, p. 1). O plágio pode ser:

- integral: quando se copia a obra de outro autor, palavra por palavra, sem citar a autoria ou a fonte;
- parcial: quando são usados pequenos trechos de diversos autores ou quando são feitas pequenas alterações na estrutura destes e sem citar as fontes;
- conceitual: quando é feita a apropriação da ideia de outro autor, escrevendo-se de outra forma e sem citar a fonte.

O autor sempre tem direitos sobre suas obras (*copyright*), e as **licenças** são usadas para comunicá-los e garanti-los. Por exemplo, para indicar quais direitos estão reservados e quais estão liberados para uso geral, foram criadas, pela organização de mesmo nome, as licenças Creative Commons (CC), que se trata de

> um sistema alternativo às licenças tradicionais de utilização de obras protegidas, que permite ao criador de uma obra decidir quais os direitos que pretende reservar para si, enquanto autoriza o público a trabalhar com base nas suas ideias.
>
> No modelo "Autoria Comum", do Creative Commons (CC), trabalha-se com "Alguns Direitos Reservados" (Some Rights Reserved), em oposição ao modelo "Todos os Direitos Reservados" ou All Rights Reserved, que rege o tradicional e conhecido copyright. (UFF, 2010, p. 8)

Livros, músicas, jogos, sites e inúmeras outras obras podem beneficiar-se da CC. Para escolher qual licença usar, é preciso decidir as seguintes questões:

- **Atribuição**: se o uso da obra deve ou não ser acompanhado de sua autoria original.
- **Derivações**: se a obra original pode ou não ser remixada, originando obras derivadas.
- **Compartilhamento**: se as obras derivadas devem ou não assumir a mesma licença da obra original.
- **Uso comercial**: se a obra original e as derivadas podem ou não ser usadas de forma comercial.

PRESTE ATENÇÃO!

Para saber mais sobre a Creative Commons e suas licenças, visite:

CREATIVE COMMONS BR. Disponível em: <https://br.creativecommons.org/>. Acesso em: 28 jan. 2021.

IMPORTANTE!

Na web, é fácil encontrar galerias com fotografias e outras imagens livres para uso comercial ou não. A seguir, listamos alguns repositórios[2] que você pode usar em seus projetos:

- Creative Commons: <https://ccsearch.creativecommons.org/>
- Flickr: <https://www.flickr.com/creativecommons>
- Pexels: <https://www.pexels.com/pt-br/licenca/>
- Pixabay: <https://pixabay.com/pt/>
- ShutterStock: <https://www.shutterstock.com/pt/>
- Unsplash: <https://unsplash.com/>

Lembre-se: certifique-se de sempre usar imagens livres ou gratuitas com permissão para uso comercial e remix.

---

[2] *Links* acessados em 28 jan. 2021.

3.4 Imagens

Neste ponto, é pertinente diferenciarmos imagens *bitmap* e imagens vetoriais.

- **Imagem *bitmap***: formada por mapa de *pixels* coloridos, perde qualidade ao ser redimensionada. Para internet, usam-se os formatos PNG, JPEG, PSP, BMP e GIF. Outro formato, usado profissionalmente para impressão, é o TIFF. Como exemplos de ferramentas de criação *bitmap*, podemos citar o GIMP e o Photoshop.
- **Imagem vetorial**: construída matematicamente, mantém suas proporções quando redimensionada e, por isso, é usada na criação de marcas e noutras ilustrações. Os formatos de imagens vetoriais são: SVG, EPS, AI e CDR. Como exemplos de ferramentas de criação vetorial, podemos citar o Inkscape, o Adobe Illustrator e o Corel Draw.

Vamos, agora, conhecer alguns conceitos relativos à imagem digital, segundo Marinho (2012):

- **Fotografia digital**: fotografia obtida por meio do uso de câmera digital, cuja qualidade é maior que a da câmera analógica. Pode ser manipulada por computador, transferida via rede e armazenada como qualquer arquivo digital.
- *Pixel*: é a unidade básica da imagem digital, que é composta por três canais de cores básicas do sistema RGB, podendo armazenar mais de 16 mil tonalidades delas, o que inclui informações sobre saturação, contraste e brilho. São quadrados e arrumados em matriz para gerar a imagem.

- **Resolução**: é o tamanho da imagem digital em *pixels*; logo, expressa sua definição. Quanto maior a resolução, maior a imagem. Quando se reduz a resolução (por exemplo, de 8 para 5 *megapixels*), agrupam-se *pixels*, o que culmina em uma imagem com menos *pixels* (que se tornam maiores) e qualidade inferior à original (aspecto pixelado). Portanto, quanto mais alta a resolução, menor o tamanho dos *pixels* e maior a qualidade da imagem. Por exemplo, câmeras com capacidade de 5.1 *megapixels* criam imagens mais nítidas que as de 2 *megapixels*. Para impressão, cabe destacar, é importante que as imagens *bitmaps* tenham 300 dpi (*dots per inch*);
- **Resolução de tela**: é o tamanho em *pixels* de apresentação da tela, por exemplo, 1024×768.
- **Tamanho do arquivo**: é afetado pela qualidade da imagem, ou seja, pela quantidade de informação contida no arquivo. Quanto mais *pixels* na imagem (maior resolução), maior o tamanho do arquivo.
- **Profundidade de *bits***: quanto mais *bits* um *pixel* conseguir suportar, maior a quantidade de cores ou tonalidades que ele apresentará.
- **Compressão**: técnica relativa à diminuição de *pixels* por imagem, o que, por conseguinte, reduz o tamanho do arquivo. Quanto maior a compressão, menor o arquivo obtido. Como exemplos de tipos de compressão, podemos citar o JPEG e o ZIP.

```
   oll_up_direction: -1,
croll_container: document

$.extend(be, we);
$("#lay_" + ye + ":visible").last().length) ret
= ce.lastScrollPx > $(ke.scroll_container).scrol
= M !ke.scroll_up_direction || xe && ke.scroll_u
e.scroll_container).scrollTop();
turn ce.lastScrollPx = $(ke.scroll_container).s
= xe ? $(ke.scroll_container).scrollTop() : $(k
(window).height() - $(ke.scroll_container).scrol

  An = Date.now(),
  In = An - ce.lastScrollDown;
  if ((In > ke.time_limit)) return !1;
  ce.lastScrollDown = An, 0 < ke.lm_element
```

Capí-
tulo 4

WEBDESIGN RESPONSIVO

A difusão de dispositivos móveis mudou completamente o cotidiano das sociedades. Praticamente todas as atividades humanas podem, atualmente, ser auxiliadas (ou ao menos registradas) por aparelhos equipados com câmeras, GPS e sensores de rotação, iluminação e proximidade. Tamanha influência da mobilidade também impactou o webdesign. Os sites, hoje, são projetados pensando-se, principalmente, nos usuários *mobile*. No Brasil, em 2018, por exemplo, 77% da população já havia utilizado a internet, sendo que 97% o fez pelo celular, 43% pelo computador, 30% pela televisão, 28% pelo *notebook*, 25% pelo computador de mesa, 11% pelo *tablet* e 9% pelo *videogame* (Cetic, 2018). Os números são expressivos e apontam para o potencial do mercado de mobilidade no país.

Nesse sentido, neste capítulo, trataremos das diferentes formas e técnicas para construir *layouts* de websites. Para tanto, aprofundaremos a discussão acerca da HyperText Markup Language (HTML) e da linguagem Cascading Style Sheets (CSS), principalmente no que se refere à diagramação do *layout* e à responsividade.

4.1 Construindo *layouts* com HTML+CSS

Nesta seção, além de explorarmos mais elementos HTML, propriedades CSS e seus possíveis valores, traremos diversos exemplos adaptados.

4.1.1 HTML: elementos em bloco e *inline*

Alguns elementos HTML inserem o resultado em uma nova linha do modo apresentação, independentemente de como esteja escrito no código. São elementos do **nível em bloco** e é o que acontece com: `<h1>` a `<h6>`, `<p>`, `<ol>`, `<ul>`, `<table>` e outros.

Um importante elemento do tipo em bloco é o `<div>` ... `</div>`, que pode agrupar vários outros elementos em seu interior e, ainda, aplicar-lhes um estilo padrão. Esse elemento é muito importante para a criação de *layouts* para páginas HTML.

Também existem elementos HTML que inserem os resultados em linha (*inline*), como é o caso de: `<a>`, `<br/>`, `<img>` e outros. Para atribuir um estilo a uma quantidade pequena de conteúdo, esta pode figurar entre as *tags* `<span>` e `</span>`. Veja, a seguir, como aplicar o `<div>` e o `<span>`.

Exemplo 1:

```
<!DOCTYPE html>
<html>
    <body>
        <div style="color: #3A5; background-color: #EEE; border:
        2px solid #3A5; text-align: center;">
            <h1>Elementos em bloco</h1>
            <p>O DIV é um importante elemento para criar conjuntos
            de itens com estilo em comum. <p>
        </div>
```

```
<p>Perceba que o que não está dentro do bloco tem um
estilo diferente. Note, também, que o que está no
<span style="text-decoration: underline;">SPAN aparecerá
com um efeito específico. <span></p>
</body>
</html>
```

4.1.2 CSS: atribuindo estilo a elementos específicos com *class* e *id*

No capítulo anterior, vimos que o seletor em uma declaração CSS pode ser: um ou mais elementos HTML; seletor universal; uma classe; ou um identificador único (W3Schools, 2021a). Agora, abordaremos esses dois últimos casos.

Uma forma de criar um estilo CSS e usá-lo para mais de um elemento HTML é por meio do atributo class="...". Já o atributo id="..." é empregado para delinear um estilo a ser usado de forma única. Ambos podem ser aplicados a quaisquer elementos HTML, mas veremos algumas aplicações para blocos de conteúdos criados com o elemento `<div>`.

No Exemplo 1, temos a declaração de um estilo único (id), denominado *principal*, o qual cria uma área de fundo rosa, texto branco centralizado e afastado 30px da borda interna da área correspondente, a qual pode, por sua vez, estar afastada 20px das bordas da página. O bloco que ele chama, no corpo da página, é `<div id="principal">` e é composto por um título e um parágrafo.

Ainda no Exemplo 1, temos a declaração de um estilo feito para ser aplicado a vários blocos de conteúdo (*class*), denominado *destaque*. Esse estilo aplica a cor rosa à borda e ao texto do bloco, mantendo a mesma margem e afastamento interno do estilo anterior, a fim de preservar o alinhamento. Os blocos criados com `<div class="destaque">` são compostos por títulos de segunda ordem (h2) e parágrafos.

Contudo, na sequência, há a indicação de que os parágrafos pertencentes às caixas da classe *destaque* devem apresentar cor cinza. Isso sobrepõe a declaração de destaque que diz que os textos são rosa. Assim, qualquer outro elemento de texto (h2, p, *link*) aparecerá nessa cor, exceto os referidos parágrafos, porque, como veremos a seguir, itens fora da caixa permanecem com o estilo padrão do navegador, sendo escritos em preto. Veja o código HTML+CSS.

Exemplo 2:

```
<!DOCTYPE html>
<html>
  <head>
    <style>
      #principal {
        background-color: #FF2299;
        color: white;
        margin: 10px;
        padding: 10px;
        text-align: center;
      }
```

```html
        .destaque {
            background-color: #FFF;
            color: #FF2299;
            border: 2px solid #FF2299;
            margin: 10px;
            padding: 10px;
        }
        .destaque p {
            color: grey;
        }
    </style>
</head>
<body>
    <div id="principal">
        <h1>Bloco único </h1>
        <p> Texto no bloco principal</p>
    </div>
    <div class="destaque">
        <h2>Bloco 1</h2>
        <p>Primeiro bloco de destaque.</p>
    </div>
    <div class="destaque">
        <h2>Bloco 2</h2>
        <p>Segundo bloco de destaque.</p>
    </div>
    <div>
        <p>Parágrafo de um box sem classe específica.</p>
    </div>
</body>
</html>
```

A Figura 4.1 demonstra o resultado do Exemplo 2 quando visto em um navegador web com tamanho de tela 438×492.

Figura 4.1 – **Resultado do Exemplo 2 no tamanho de tela 438×492**

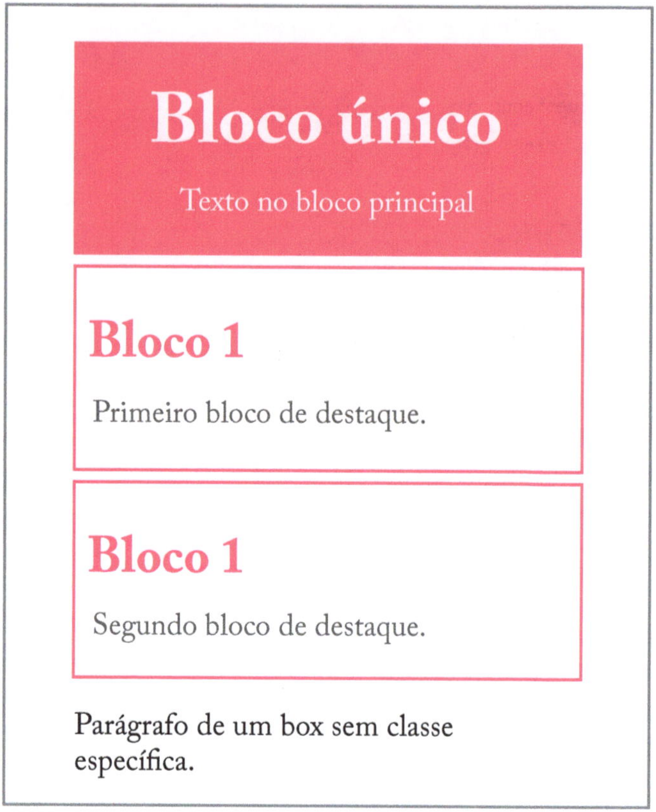

Bloco único

Texto no bloco principal

Bloco 1

Primeiro bloco de destaque.

Bloco 1

Segundo bloco de destaque.

Parágrafo de um box sem classe específica.

Além de permitirem a criação de estilos específicos para algumas situações, elementos HTML com classes e *id* podem mudar de aparência e atribuir-lhes comportamentos ao serem manipulados por JavaScript.

MÃOS À OBRA

Reescreva o Exemplo 1 usando classes ou *id* para retirar a declaração CSS do modo *inline*, empregando-a no modo CSS interno (aquele cujas especificações ficam em <style> dentro de <head>).

Lembre-se: você pode ou copiar o exemplo em um editor de texto e visualizar seu resultado no navegador web, ou usar a seguinte ferramenta da W3Schools, com o exemplo já salvo:

W3SCHOOLS. **Opening Code**. Disponível em: <https://www.w3schools.com/code/tryit.asp?filename=GHTANYJTG7RS>. Acesso em: 28 jan. 2021.

4.1.3 HTML5: elementos para *layout* de página

Os elementos de *layout* do HTML servem para denominar e delimitar as diferentes partes de um *layout*, indicando sua função na página. Normalmente, englobam as seguintes partes:

- Cabeçalho (*header*): apresenta nome e marca do site.
- Barra de navegação ou menu (*navigator bar*): apresenta *links* internos e externos ao site para auxiliar a navegação do usuário.

- Conteúdo (*content*): em geral, ramifica-se em seções e categorias, de forma que o *layout* possa ser dividido em colunas – uma para *smartphones*, duas para *tablets* e três para *desktops* e *notebooks*.
- Rodapé (*footer*): parte final do site na qual, via de regra, colocam-se informações de contato, *links* importantes e autoria (*copyright*).

O Quadro 4.1 elenca os principais elementos para estruturação de *layouts* das páginas web e suas funções.

Quadro 4.1 – **Elementos de *layout* do HTML5**

Elemento	Descrição
<header> ... </header>	Define o cabeçalho da web página ou de uma seção da página.
<nav> ... </nav>	Define o menu ou conjunto de *links* para navegação pelo site.
<section> ... </section>	Serve para criar seções dentro da página.
<article> ... <article>	Define um espaço para um conteúdo independente, como um *post* de um *blog*.
<aside> ... </aside>	Define uma barra lateral (*sidebar*) de conteúdo.
<footer> ... </footer>	Define um rodapé para a página.
<details> ... </details>	Adiciona detalhes adicionais que podem ser fechados e abertos pelo usuário.
<summary> ... </summary>	Define um título para o elemento <details>.

Fonte: Elaborado com base em W3Schools, 2021e.

A Figura 4.2 ilustra uma possibilidade de diagramação de uma página web, indicando a posição em que os elementos podem figurar. Esse posicionamento, porém, não é automático; logo, precisa ser especificado com o uso de CSS.

Figura 4.2 – **Exemplo de diagramação de página web com uso de elementos HTML de *layout***

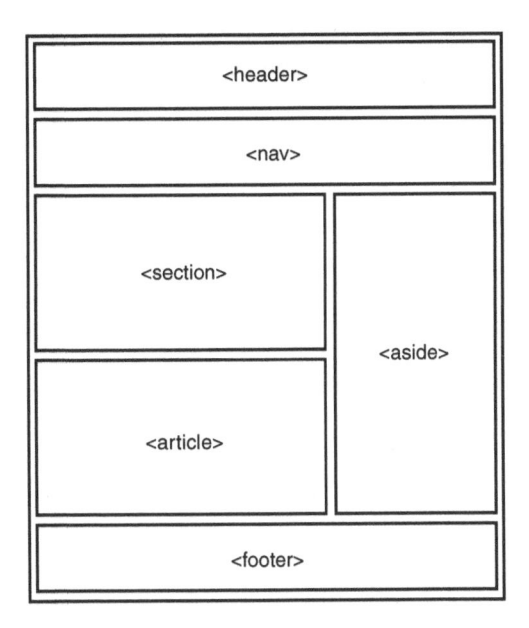

```
┌─────────────────────────────────┐
│           <header>              │
├─────────────────────────────────┤
│            <nav>                │
├──────────────────┬──────────────┤
│   <section>      │              │
│                  │   <aside>    │
│   <article>      │              │
├──────────────────┴──────────────┤
│           <footer>              │
└─────────────────────────────────┘
```

Fonte: W3Schools, 2021f.

No Capítulo 1, mencionamos que, antigamente, era normal criar sites com elementos `<table>` para posicionar cada parte da página. Como você já conheceu a estrutura empregada para tabelas simples, pode imaginar como seria refazer a Figura 4.2 usando tabelas do HTML? Executar isso seria um desafio, não é mesmo? Com o intuito de facilitar a produção de sites mais semânticos e flexíveis, capazes de proporcionar boas experiências aos usuários, ajustando as páginas às suas telas e, por conseguinte, otimizando a apresentação do conteúdo, várias técnicas **tableless** foram pensadas.

Uma prática anterior ao HTML5, ainda bastante observada no mercado, é o uso do elemento `<div>` com atributos *id* ou *class* especificados em CSS e responsáveis por posicionar o conteúdo conforme o *layout* escolhido. Confira a seguinte demonstração:

Exemplo 3:

```html
<html>
  <head>
    <style>
      <!-- declaração das id e class a seguir -->
    </style>
  </head>
  <body>
    <div id="header"> o cabeçalho com logo, nome e menu da
    página </div>
    <div id="container">
      <div id="sidebar"> para o menu lateral </div>
      <div class="box"> para caixas de conteúdo em destaque
      </div>
      <div class="box"> para caixas de conteúdo em destaque
      </div>
    </div> <!-- fim do id container -->
    <div id="footer"> com as informações de rodapé </div>
  </body>
</html>
```

Agora, é possível usar elementos de *layout* do HTML5, pois apresentam mais semântica, ou seja, são mais significativos. Afinal, uma vez indicado aos navegadores, indexadores web e outros programas a que parte da página um conteúdo pertence, torna-se mais fácil entender seu significado e sua importância. Desse modo, o exemplo adiante configuraria uma alternativa mais semântica e enxuta ao exemplo anterior, visto que apenas com esse arranjo se obteria um *layout* de uma coluna, com cada uma das seções dispostas umas abaixo das outras.

Exemplo 4:

```html
<html>
    <head>
        <style>
            <!-- declaração das id e class a seguir -->
        </style>
    </head>
    <body>
        <section>
            <header> ... </header>
            <nav> ... </nav>
            <article> ... </article>
            <article> ... </article>
        </section>
        <footer> ... </footer>
    </body>
</html>
```

Todavia, em termos de HTML, os *layouts* estariam separados por blocos semanticamente diferentes e arranjados segundo a necessidade do site a ser criado. O trabalho restante ficaria, por isso, a cargo dos códigos em CSS.

4.1.4 CSS: propriedades para *layout* de páginas

Muitas propriedades do CSS auxiliam na criação de *layouts*, seja este de uma ou de múltiplas colunas. Nesta seção, discutiremos primeiramente sobre as **propriedades de posicionamento**. Para tanto, observe o Quadro 4.2, a seguir.

Quadro 4.2 – **Propriedades do CSS para posicionamento de elementos HTML**

Propriedade	Descrição e valores
position	Especifica o tipo de posicionamento de um elemento, podendo ser: *static* (estático); *relative* (relativo); *fixed* (fixo); *absolute* (absoluto); e *sticky* (aderente). É obrigatório que essa propriedade esteja declarada antes do uso das propriedades *top*, *bottom*, *left* e *right*.
position: static	Elementos não afetados por *top*, *bottom*, *left* e *right* e que aparecem no fluxo normal da página.
position: relative	Elementos apresentados com certo deslocamento a partir de sua posição normal ou original.
position: fixed	Elementos fixados em determinada localização da janela de visualização, mesmo quando a página é rolada. Não deixam lacuna em sua posição original.
position: absolute	Situa um elemento dentro de outro elemento posicionado (normalmente relativos), ou seja, ele se torna fixo dentro de seu elemento ancestral.

(continua)

(Quadro 4.2 – conclusão)

Propriedade	Descrição e valores
position: sticky	Comporta-se como elemento de posição relativa até determinada posição na rolagem da janela. Depois, comporta-se como fixo, mantendo-se naquele lugar. Pelo menos uma das propriedades deve ser usada: *top*, *bottom*, *left* ou *right*.
top	Posicionamento do topo do elemento em questão.
bottom	Posicionamento da parte de baixo do elemento em questão.
left	Posição da esquerda do elemento em questão.
right	Posição da direita do elemento em questão.
z-index	Determina qual elemento deve ser posto na frente ou atrás de outros em caso de sobreposição de itens, formando uma pilha. Podem ser atribuídos valores positivos ou negativos.

Fonte: Elaborado com base em W3Schools, 2021c.

Além de posicionar, por vezes, também é importante determinar o tamanho do comprimento e da largura de elementos como seções de textos e imagens. Por isso, é fundamental conhecer as **propriedades de dimensionamento**, expostas no Quadro 4.3.

Quadro 4.3 – **Propriedades do CSS para dimensionamento de elementos HTML**

Propriedade	Descrição e valores
width	Determina o comprimento ou tamanho horizontal de um elemento HTML. Caso não seja especificado o elemento, por exemplo, uma imagem, ele será apresentado em seu tamanho original. Na maioria das vezes, assume: • valores numéricos em px, cm, entre outros; • porcentagens; • auto (valor padrão a ser calculado pelo navegador).

(continua)

(Quadro 4.3 – conclusão)

Propriedade	Descrição e valores
height	Determina a largura ou tamanho vertical de um elemento HTML. Pode assumir os mesmos valores de *width*. Caso não seja especificado, o navegador redimensionará a largura de forma proporcional ao comprimento. Assim como o *width*, é relativo ao tamanho interno dos elementos e não inclui valores de bordas, margens e afastamentos (*padding*).
max-width ou max-height	Determina o tamanho máximo que um elemento pode ter, ajustando-se ao tamanho da janela para casos de valores menores.
min-width ou min-height	Determina o tamanho mínimo que um elemento pode ter, evitando reduções para além de limite da legibilidade e da nitidez, por exemplo.
overflow	Especifica o comportamento de um elemento para o caso de seu conteúdo ser maior do que seus limites, ou seja, quando há um "estouro" (*overflow*). Pode assumir os valores: *visible*, *hidden*, *scroll* e *auto*.
overflow: visible	A parte do conteúdo que "estoura" os limites do elemento fica visível.
overflow: hidden	O *overflow* é cortado e não aparece.
overflow: scroll	Adiciona barras de rolagens vertical e horizontal ao elemento.
overflow: auto	Adiciona barras de rolagem apenas se necessário.

Fonte: Elaborado com base em W3Schools, 2021c.

Outra importante propriedade é o *display*, que é uma **propriedade de exibição**. Ela pode forçar um elemento em bloco a se mostrar como *inline*, e vice-versa. Além disso, *display: none* pode remover elementos da exibição para o usuário sem necessariamente deletá-los do código da página. Outra opção é a propriedade *visibility: hidden*, que desaparece com o elemento, mas mantém o espaço originalmente ocupado por ele.

PRESTE ATENÇÃO!

Veja como os diferentes tipos de *position* comportam-se em conjunto com *top, bottom, left, right, z-index, width, height, overflow* e *display*, neste exemplo:

W3SCHOOLS. **Opening Code.** Disponível em: <https://www.w3schools.com/code/tryit.asp?filename=GHWUYKKJYTUJ>. Acesso em: 28 jan. 2021.

Para que o *layout* tenha **múltiplas colunas**, é importante usar técnicas que atribuam posicionamento, tamanho e modo de exibição para cada seção de conteúdo. Algumas dessas técnicas empregam (W3Schools, 2021a): (1) *frameworks* ou bibliotecas prontas do CSS, como Bootstrap.css e W3.css; (2) *grids* (grades); (3) *flexbox*; (4) propriedade *float* (flutuar); e (5) *layout* fixo. Vamos analisar esses três últimos casos em exemplos.

Layout fixo

Layout fixo é uma técnica antiga para criar *layouts* determinando-se o tamanho dos elementos e dispondo-os na tela por meio de propriedades que manipulam o tipo e o posicionamento de itens ou seções de conteúdo no HTML em função dos limites da janela de exibição.

Conforme explicamos, durante longo período, os sites eram criados pensando-se nas resoluções mais comuns, por exemplo, 800×600 e 1024×768. Tendo um tamanho fixo, o site forçava o navegador a apresentar barra de rolagem para a navegação horizontal, caso a resolução da tela do usuário não fosse suficiente. Isso requeria mais esforço do usuário, que acabava não tendo uma experiência muito fluida. Como solução parcial para esse problema, os webdesigners projetavam várias versões de um mesmo site, prevendo os tamanhos de tela mais dominantes, o que multiplicava seu trabalho de criação e manutenção.

A grande desvantagem dessa técnica (e a razão por que se tornou obsoleta) é que não adequava o site a telas pequenas, de forma que o usuário precisava deslizá-lo para os lados, a fim de ver todas as suas partes, além de aumentar e diminuir seu *zoom*. Portanto, a grande desvantagem era a falta de responsividade (assunto que veremos mais adiante) e multiplicidade do site para diferentes dispositivos (Silva, 2014; Arty, 2015; Eduardo, 2015).

Layout flutuante

O *layout* flutuante é uma importante técnica para diagramação de sites e recorre à propriedade float="..." (com valores como *left* e *right*) associada à propriedade width="..." (em porcentagem). Assim, ela faz com que um elemento apresente tamanho menor que o da tela total do navegador, bem como que os elementos seguintes flutuem ao redor desse item. É importante, no entanto, limpar a flutuação para os elementos que precisem figurar em uma nova linha; para isso, emprega-se a propriedade clear="both" (W3Schools, 2021a).

No caso a seguir, o menu (*nav*) ocupa 40% do espaço horizontal e está flutuando (*float*) à esquerda (*left*). O conteúdo (*article*), por sua vez, ocupa os 60% restantes e está flutuando à direita (*right*). Contudo, para que o rodapé apareça em uma nova linha, é necessário que a flutuação seja limpa (*clear*) em ambas direções (*both*).

Exemplo 5:

```html
<!DOCTYPE html>
<html>
 <head>
 </head>
 <body>
    <header style="background-color: #E99; clear: both;
    text-align: center;"> Cabeçalho </header>
    <section>
       <nav style="float: left; width: 40%; background-color:
       #9E9">
          <ol>
             <li>pag 1</li>
             <li>pag 2</li>
             <li>pag 3</li>
          </ol>
       </nav>
       <article style="background-color: #99E; float: right;
       width: 60%;">
          <h1>Título</h1>
          <p> Texto da seção principal da página. Texto da
          seção principal da página.
          </p>
       </article>
    </section>
    <footer style="background-color: #E99; clear: both;">
       <p>Footer</p>
    </footer>
 </body>
</html>
```

MÃOS À OBRA

Teste o seguinte exemplo na W3Schools:

W3SCHOOLS. **Opening Code**. Disponível em: <https://www.w3schools.com/code/tryit.asp?filename=GHTLTAJDID19>. Acesso em: 28 jan. 2021.
Redimensione a tela de apresentação para aumentar e diminuir seu tamanho. O que aconteceu nesse caso?

A desvantagem do referido *layout* é que seus elementos estão associados ao fluxo da página, o que pode afetar a flexibilidade do site (W3Schools, 2021a). Áreas de texto muito longas ou muito curtas podem, por isso, tornar-se ilegíveis. Assim, é preciso limitar os tamanhos para os casos máximo e mínimo.

Layout **de colunas flexíveis**

Outra maneira de posicionar componentes do *layout* é dividindo-se a tela em colunas e indicando-se quantas delas cada elemento deverá ocupar, prevendo-se, assim, o comportamento do projeto em diferentes dispositivos. Isso é feito com o uso de caixas flexíveis (*flexbox*). Essa técnica é considerada a mais sofisticada; contudo, não é suportada por navegadores mais antigos nem pelo Internet Explorer 10 (W3Schools, 2021a).

As etapas para a criação de um *layout flex* são:

- Criar um <div> como elemento pai (*container*) e aplicar uma *class* com a propriedade *display: flex*;

- Dividir o container, criando-se outros elementos <div> dentro dele. Os elementos filhos também podem tornar-se flexíveis.
- Usar as propriedades para o *flex container* elencadas no Quadro 4.4.

Quadro 4.4 – **Propriedades do CSS para manipulação do *flexbox***

Propriedade	Descrição
flex-direction	Define a direção de empilhamento dos blocos flexíveis dentro do container. Valores: column, column-reverse, row, row-reverse
flex-wrap	Define se os itens do container serão agrupados ou não, ou seja, se ficarão em linha (nowrap) ou formarão uma grade (wrap). Valores: nowrap, wrap, wrap-reverse
flex-flow	É a abreviação das propriedades flex-direction e flex-wrap para facilitar a codificação.
justify-content	Serve para alinhar os itens dentro do container no sentido horizontal. Valores: center, flex-start, flex-end, space-around, space-between
align-items	Serve para alinhar os itens dentro do container no sentido vertical. Valores: center, flex-start, flex-end, stretch, baseline
align-content	Usado para alinhar as linhas de itens dentro do container. Valores: space-between, space-around, stretch, center, flex-start, flex-end

Fonte: Elaborado com base em W3Schools, 2020b.

Os itens filhos do elemento flexível pai também podem tornar-se flexíveis e serem manipulados com as propriedades:

- `order`
- `flex-grow`

- flex-shrink
- flex-basis
- flex
- align-self

MÃOS À OBRA

Veja este exemplo de site responsivo com o uso de *flexbox*:

W3SCHOOLS. **Opening Code**. Disponível em: <https://www.w3schools.com/code/tryit.asp?filename=GHWXUBBCKGNB>. Acesso em: 30 dez. 2020.

Vá adiante e experimente retirar propriedades ou trocar seus valores, para entender melhor o efeito que exercem sobre o conjunto.

Layout **de grades de visualização (***grid-view***)**

Na técnica *grid-view*, o *layout* é dividido em colunas e linhas, evitando-se as técnicas de flutuação e posicionamento e suas respectivas desvantagens.

O passo a passo usual para a criação de sites com grades de visualização é o seguinte (W3Schools, 2020a):

1. O *layout* é dividido em 12 colunas, que se expandem ou diminuem a depender do tamanho da tela de exibição.
2. O *layout* ocupa o tamanho total da tela de exibição, ou seja, width = 100%. Portanto, para um *layout* de 12 colunas, deve-se calcular: 100% : 12 colunas = 8,33%.

3. Deve-se atribuir ao seletor universal do HTML (*) via CSS a propriedade *box-sizing: border-box*. Isso garantirá que, em todos os elementos, os tamanhos de margens, bordas e afastamentos façam parte da largura e do comprimento dos elementos, evitando mudanças que afetem a grade.
4. Devem-se criar as 12 colunas como classes em CSS: class="col-".
   › `.col-1 {width: 8.33%;}`
   › `.col-2 {width: 16.66%;}` até
   › `.col-12 {width: 100%;}`
5. As colunas devem flutuar à esquerda e apresentar um afastamento interno (*padding*).
6. Deve-se criar uma <div> para representar as linhas, que têm a classe *row*.
7. Dentro de cada linha, ou seja, em `<div class="row">`, devem-se incluir colunas que somem 100% ou cujos números somem 12, como é o caso de:
   › `.col-3 {width: 25%;}`
   › `.col-9 {width: 75%;}`
8. Como as colunas restantes flutuam à esquerda, o fluxo deve ser limpo com:
   › .row::after {content: ""; clear: both; display: table;}

EXEMPLO PRÁTICO

Veja uma simples aplicação de *layout* em grades em:

W3SCHOOLS. **Opening Code**. Disponível em: <https://www.w3schools.com/code/tryit.asp?filename=GHWZDWRUN7YS>. Acesso em: 28 jan. 2021.

4.2 Responsividade

Além das diferenças técnicas percebidas na composição do *layout* da página, o que os *layouts* fixos e os *layouts* fluidos têm de diferente é a falta de responsividade. Em outras palavras, o *layout* fixo não é ajustável, e isso dificulta a navegação para usuários de telas pequenas, seja a do navegador em um tamanho redimensionado, seja a de dispositivos pequenos, como *tablets* e *smartphones*.

Um site responsivo é, nesse sentido, um site que garante o acesso no maior número de dispositivos, adaptando-se a eles, para oferecer uma melhor experiência ao internauta. Portanto, é um site construído com base nos princípios do webdesign responsivo, que, em inglês, é *responsive web design* (RWD).

Em termos práticos, o RWD proporciona estruturar sites adequados ao dispositivo do usuário, por meio, por exemplo, da mudança da quantidade de colunas que compõem o design, do redimensionamento e da reorientação de imagens, do tratamento de textos, do rearranjo de menus etc.

A demanda por designs responsivos surgiu com a proliferação de dispositivos com diferentes tamanhos de tela, principalmente a partir dos anos 2000 (Arty, 2015). Já não era mais possível criar um site como solução para cada novo agente lançado no mercado: *smartphones*, consoles, *tablets*, entre outros. Até mesmo os *layouts* fluidos já enfrentavam problemas, pois sempre havia um limite para o contexto para o qual foram criados.

No campo da arquitetura, há uma proposta que visa à criação de estruturas sustentáveis que se adaptam ao ambiente, normalmente por intermédio de sensores, criando, assim, uma interação mútua na qual estrutura e espaço se influenciam. O design responsivo parte da mesma ideia de fluidez e adaptação, como explica o webdesigner Ethan Marcotte (2010, tradução nossa):

> Esse é o nosso caminho a seguir. Em vez de adaptar designs desconectados a cada um de um número cada vez maior de dispositivos da web, podemos tratá-los como facetas da mesma experiência. Podemos projetar para uma experiência de visualização ideal, mas incorporar tecnologias baseadas em padrões em nossos projetos para torná-los não apenas mais flexíveis, mas mais adaptáveis à mídia que os processa. Resumindo, precisamos praticar o design responsivo da web. Mas como?

Os elementos fundamentais do webdesign responsivo perpassam o campo do webdesign e do desenvolvimento *front-end*, requerendo, assim, conhecimentos em (Arty, 2015):

- HTML5, principalmente no que se refere a seus elementos de *layout* e, ainda, aos de tratamento de mídias como vídeos e imagens.
- CSS3 e *media queries*, além de todas as possibilidades de configuração de estilo do CSS3, sua habilidade de consultar as mídias de acesso do usuário para lhes entregar a melhor folha de estilo projetada garante melhor desempenho do site em relação ao dispositivo utilizado.
- Mídias adaptáveis, para o tratamento de imagens que se adaptam ao tamanho de tela, evitando que elas sejam redimensionadas de forma inapropriada (para mais ou para menos).
- *Grid* fluido, que visa à criação do design e à construção do *layout* de forma que a quantidade de colunas (e de todas as partes do design) se adapte aos diferentes tamanhos de tela.

- JavaScript, às vezes necessário para forçar a adaptação a navegadores mais antigos e que não seguem à risca as recomendações de padronização web.
- Unidades e medidas proporcionais, com o caso das porcentagens.

Para saber se um site é fluido ou responsivo, é necessário observar de que maneira ele se comporta em diferentes tamanhos de tela. Para tanto, é possível:

- Acessar o site por meio de diferentes dispositivos, como *smartphones*, *tablets*, *notebooks* e *desktops*.
- Redimensionar a janela do navegador web, diminuindo e aumentando o tamanho da janela.
- Mudar o modo do navegador para que ele simule dispositivo móvel de tela mais reduzida:
    1. No Firefox:
        A. menu Ferramentas → Desenvolvimento web → Design responsivo;
        B. ou use as teclas de atalho: Ctrl + Shift + M.
    2. No Chrome:
        A. menu Ferramentas → Ferramentas do desenvolvedor → ícone de celular no canto superior esquerdo da segunda coluna da ferramenta apresentada;
        B. ou use as teclas de atalho: Ctrl + Shift + M.

Nessa direção, o conceito de *mobile first* refere-se ao processo de desenvolvimento de sites segundo o qual sites responsivos devem ser projetados, inicialmente, em uma versão para dispositivos móveis, ou seja, para telas pequenas. Posteriormente, é preciso projetar as resoluções maiores até se chegar ao *desktop*. Essa metodologia visa partir do mais simples em termos de elementos de *layout*, otimizando tempo e reaproveitando códigos para a criação das versões para dispositivos maiores.

Um site pode ser rediagramado para apresentar-se de modo fixo, e essa pode ser uma alternativa solicitada por clientes que precisam manter a estrutura do site e, ao mesmo tempo, adaptá-lo para receber bem os usuários e seus dispositivos. De forma geral, o processo requer que as medidas sejam relativizadas (por exemplo, transformadas em porcentagem), que as imagens e as fontes sejam tratadas e que se faça uso de consulta de mídias.

EXEMPLO PRÁTICO

Confira um exemplo de conversão de um *layout* de fixo para fluido em:

EDUARDO, C. **Convertendo um layout fixo para fluido**. 5 abr. 2015. Disponível em: <https://www.kadunew.com/blog/web-design/convertendo-um-layout-fixo-para-fluido>. Acesso em: 28 jan. 2021.

Mesmo que o *layout* deva ser projetado para se adaptar, desde o início de seu desenho, é importante conhecer os diferentes tamanhos de tela existentes. No Quadro 4.5, observe as resoluções mais comuns para os principais dispositivos disponíveis no mercado.

Quadro 4.5 – **Resoluções de tela mais comuns**

Dispositivo	Medida da largura (em pixels)					
	1200	1024	768	600	480	320
Desktops widescreen	■					
Tablets (paisagem)		■				
Monitores antigos		■				
Tablets (retrato)			■			
Tablets pequenos				■		
Smartphones (paisagem)					■	
Smartphones (retrato)						■

Fonte: Elaborado com base em Arty, 2015.

Para lidar com as unidades de medida em um site responsivo, no lugar de utilizar as resoluções de tela, é preciso lidar com a *viewpoint*, que é o tamanho da janela do navegador, de forma relativa, e não absoluta. Dessa forma, é possível optar pelas seguintes medidas:

- % – porcentagem, por exemplo, para *width* e *height*;
- vw – tamanho da janela do navegador, sendo que 1 vw é igual a 1% do total;
- outras medidas baseadas em valores previamente declarados, como ex, rem e ch.

Devem ser abandonadas medidas absolutas cm (centímetros), pts (pontos), entre outras. A unidade px (*pixel*) também deve ser evitada. Note, porém, que "a unidade px (pixel) pode ser considera como híbrida, pois, apesar de ser fixa (se você colocar 50px sempre será 50px), ela é calculada com base na resolução da tela onde o documento é visualizado, logo poderá variar de tela para tela" (Arty, 2015, p. 29).

O *layout* deve partir de esboços criados manual ou digitalmente, gerando os **wireframes** (Figura 4.3), isto é, representações gráficas do esqueleto do site que indicam os elementos e as mídias do *layout* (textos, imagens, ícones, títulos etc.) sem detalhamentos. Eles podem ser criados para prever diferentes resoluções e orientações de tela, como visto no Quadro 4.5. A princípio, são criados em tons de cinza e podem ser incrementados em termos de design e de medidas.

Figura 4.3 – **Exemplo de *wireframe* de website**

Chaosamran_Studio/Shutterstock

Os **mockups** são uma evolução do projeto, quando o *wireframe* é desenvolvido para simular a aplicação do *layout* em um dispositivo (ou objetos) específico. Abordaremos mais sobre esse assunto no Capítulo 5, nas seções sobre o processo de criação de sites, e no Capítulo 6, nas seções sobre ferramentas úteis para o webdesigner. Por ora, basta saber que *wireframes* e *mockup* são importantes ferramentas de projeto, especificação e comunicação com os clientes.

4.2.1 Criando HTML+CSS de sites responsivos

Como vimos, "o Responsive Web Design é sobre o uso de HTML e CSS para redimensionar, ocultar, encolher ou ampliar automaticamente um site, para que tenha uma boa aparência em todos os dispositivos (desktops, tablets e telefones)" (W3Schools, 2021g, tradução nossa). Vejamos, então, como preparar a página para ser responsiva com o auxílio dessas duas linguagens, utilizando na prática alguns tópicos examinados anteriormente.

Escalabilidade da tela ou janela de exibição (*viewpoint*)

Em primeiro lugar, é preciso indicar ao navegador que use uma escala para o conteúdo da página, a fim de que tudo se adeque ao tamanho da tela ou à janela de exibição (*viewpoint*) em questão. Logo, deve-se adicionar a tag `<meta>` ao cabeçalho do documento HTML – importante para o devido tratamento dos demais códigos que veremos na sequência.

```
<meta name="viewport" content="width=device-width,
initial-scale=1.0">
```

Dimensionamento proporcional das imagens na tela

Uma questão importante é fazer com que as imagens ocupem o espaço disponível, evitando que fiquem muito pequenas ou que ultrapassem a área de janela disponível para a exibição. Para isso, deve-se recorrer ao CSS para usar a propriedade *width* nos elementos de imagem, atribuindo-lhes um valor relativo, no caso, em porcentagem.

```
<img src="endereço/nome.png" style="width: 100%;">
```

Também é fundamental que as imagens não ultrapassem seu tamanho original. Logo, elas devem ser criadas (tenha isso em mente). Nesse sentido, a propriedade max-*width* é a mais aconselhada.

```
<img src="endereço/nome.jpg" style="max-width: 100%; height: auto;">
```

Substituição de imagens em diferentes resoluções de tela

Pode ocorrer de as imagens precisarem ser substituídas a fim de, com isso, otimizar a apresentação. Em razão disso, é necessário trabalhar com um conjunto de imagens, usadas a depender da situação, seja por uma questão de resolução de tela, seja por diferenças na orientação desta.

Por exemplo, em uma resolução de tela maior, a imagem de capa de um site pode apresentar a grande paisagem de uma montanha e seu vale. Contudo, em certo ponto, se essa mesma imagem for utilizada em uma proporção muito pequena, pode perder o sentido por não permitir diferenciar detalhes. Uma opção é recortá-la para que enquadre apenas uma porção da imagem original, sendo mais bem visualizada em um tamanho de tela. Veja um demonstração disso na Figura 4.4.

Figura 4.4 – **Exemplo de imagem redimensionada a depender da orientação da tela**

WDnet Creation/Shutterstock

De modo geral, essa questão tem a ver com a orientação da tela, pois o modo paisagem suporta melhor imagens largas, ao passo que o retrato pode ser mais bem apresentado com imagens mais quadradas.

Em HTML, essas imagens alternativas são apresentadas com a ajuda do elemento `<picture>`, o qual deve ser usado com a composição de um ou mais elementos `<source>`, que indica os pontos de virada (*breakpoints*) para a substituição das imagens, e um `<img>`, que apresenta a imagem padrão. Veja o exemplo a seguir.

Exemplo 6:

```
<picture>
    <source srcset="img_apenas_uma_flor.jpg" media="(max-width: 600px)">
    <source srcset="img_flor_no_campo.jpg">
    <img src="img_flor_no_campo.jpg" alt="Flores no campo">
</picture>
```

Nesse caso, se a janela estivesse em um tamanho de até 600px, mostraria a imagem de uma flor. Depois dos 600px, a imagem exibida seria maior: a mesma flor em um campo. Cabe ao webdesigner prever essas situações e trabalhar as imagens pensando em qualidade de resolução e tamanho de tela, atendendo bem a dispositivos entre 300px e 1200px de largura.

EXEMPLO PRÁTICO

Veja um exemplo de uso do elemento <picture> e de diferentes configurações para a propriedade *width* dentro do elemento <img> em:

W3SCHOOLS. **Opening Code**. Disponível em: <https://www.w3schools.com/code/tryit.asp?filename=GHWM63CZR7WH>. Acesso em: 28 jan. 2021.

Redimensionamento proporcional do texto

Também é possível fazer com que o texto seja dimensionado de acordo com o tamanho da janela de exibição, ou seja, que aumente ou diminua na mesma escala que a janela, mantendo sempre a mesma proporção, independentemente do dispositivo do usuário. Para isso, o tamanho da fonte deve ser relativo, e não absoluto.

```
<h1 style="font-size:10vw;">Título redimensionado com a janela</h1>
<p style="font-size:5vw;">O texto deve seguir a escala da janela.</p>
```

Lembre-se de que, nesse caso, a unidade vw significa *view window*. Portanto, os títulos de primeira ordem devem apresentar-se com tamanho relativo 10% da tela, e os parágrafos, com 5%.

Media queries ou "consultas de mídia"

Mesmo com o redimensionamento proporcional de imagens e textos, é comum o uso de *media queries*, que são consultas de mídias, uma forma de consultar o tamanho de tela e entregar um estilo especialmente feito para esse contexto. Essa técnica só foi introduzida a partir do CSS3. Seu funcionamento é o seguinte: se a condição da consulta for verdadeira, um conjunto de regras CSS é introduzido. Normalmente, as consultas são sobre algum ponto de virada (*breakpoint*) do tamanho da tela de exibição.

O que pode ser feito com *media queries*? Observe estas possibilidades:

- Adicionar um ou mais pontos de virada (ou de interrupção), que fazem com que o *layout* se comporte de forma diferente a depender do tamanho da tela.
- Esconder elementos que ficariam excessivos em telas pequenas (*display: none*).
- Mudar o tamanho das fontes.
- Compactar ou estender o *layout* a depender da orientação do celular ou *tablet*.
- Compactar menus na orientação retrato do celular.

Exemplo 7 – mudança de cor de fundo a depender do tamanho de tela:

```css
@media only screen and (max-width: 600px) {
    body {
        background-color: lightblue;
    }
}
```

Exemplo 8 – mudança de cor de fundo a depender da orientação:

```css
@media only screen and (orientation: landscape) {
    body {
        background-color: lightblue;
    }
}
```

Retornado ao tema do *mobile first*, com *media queries*, o padrão deve ser os tamanhos menores. Caso a tela tenha um tamanho maior, será preciso mudar a regra. Portanto, o site, por se adaptar a dispositivos pequenos, não precisaria de alterações e se tornaria, por conseguinte, mais rápido. Contudo, o uso de *media queries* deve ser feito de forma consciente, pois não pode implicar mudanças significativas, confundindo o usuário caso ele acesse o mesmo site com resoluções diferentes.

EXEMPLO PRÁTICO

Analise um exemplo de aplicação de *media queries* ao site com *layout* em grade visto anteriormente.

W3SCHOOLS. **Opening Code**. Disponível em: <https://www.w3schools.com/code/tryit.asp?filename=GHX31OGA6C44>. Acesso em: 28 jan. 2021.

Note que, para telas com comprimento menor que 768, o site exibiria seus elementos verticalmente, próprio do que se espera de uma apresentação em celular. No entanto, se a tela fosse redimensionada para além disso, o site passaria a ter três colunas.

REDPIXEL.PL/Shutterstock

Capítulo 5

ETAPAS DA CRIAÇÃO DE SITES: INTERFACES E EXPERIÊNCIA DO USUÁRIO

No Capítulo 1, destacamos que, em 1995, já era comum ver sites investindo na entrega de funcionalidades e em conteúdo dinâmico, com o uso de formulários e a inserção de conteúdos pelos usuários. A partir de 1998, houve o aumento da preocupação com a organização, a navegabilidade e a encontrabilidade dos conteúdos dentro do site (AmeriCommerce, 2020).

Também evidenciamos que, a partir dos anos 2000, o fenômeno sociotécnico denominado *web 2.0* anunciou várias tendências norteadoras dos sites da época, visto que a web teve sua capacidade de colaboração em termos de conteúdo, recomendação, divulgação etc. aproveitada, além de ter sido explorada como plataforma para a criação de aplicações voltadas a entregar serviços ao consumidor. Segundo O'Reilly (2005), uma vez que o consumidor passou a ter protagonismo nesses sites, conscientizou-se parte dos empresários, desenvolvedores, webdesigners e outros profissionais no sentido de fornecer mais qualidade de serviço e experiências enriquecedoras.

Em um mercado de sites e aplicativos muito competitivos, é praticamente obrigatório ofertar meios de acesso facilitado e esquemas de navegação de rápido aprendizado, além de funcionalidades e conteúdos relevantes. Para tanto, é importante conhecer não apenas a área de atuação do site, mas também o público-alvo, suas necessidades e suas opiniões. Neste ponto, entra em cena o design de experiência do usuário como mais uma habilidade a ser trabalhada pelos profissionais ligados à web.

Por isso, neste quinto capítulo, começaremos compreendendo o conceito de experiência do usuário (*user experience* – UX), abordando desde conceitos básicos em interação humano-computador até a compreensão de todas as disciplinas e áreas que integram a UX.

Também examinaremos conceitos estritamente ligados à qualidade das interfaces em termos de UX, como usabilidade, comunicabilidade, arquitetura da informação e acessibilidade para a web. Por fim, conheceremos as etapas de criação dos sites, aprofundando-nos, por ora, no planejamento e na estruturação deles.

5.1 Conceitos básicos em interação humano-máquina

A **interação humano-computador (IHC)** "é uma disciplina interessada no projeto, implementação e avaliação de sistemas computacionais interativos para uso humano, juntamente com os fenômenos relacionados a esse uso" (Barbosa; Silva, 2010, p. 10).

Em se tratando de pesquisa, o campo da IHC é muito frutífero. A Sociedade Brasileira de Computação (SBC) mantém, desde o ano de 1999, uma comissão especial (CE) que incentiva o tema sob uma perspectiva interdisciplinar e pode ajudar a entender do que se trata a área.

> A área de Interação Humano-Computador (IHC) se dedica a estudar os fenômenos de comunicação entre pessoas e sistemas computacionais que está na interseção das ciências da computação e informação e ciências sociais e comportamentais e envolve todos os aspectos relacionados com a interação entre usuários e sistemas. A pesquisa em IHC tem por objetivo fornecer explicações e previsões para fenômenos de interação usuário-sistema e resultados práticos para o projeto da interação. (SBC, 2020)

Portanto, conforme exposto no site do Simpósio Brasileiro sobre Fatores Humanos em Sistemas Computacionais, organizado pela SBC em 2019, são inúmeros os tópicos de interesse em IHC (IHC2019, 2019), tais como:

- ensino e pesquisa em IHC;
- relações de gênero e minorias;
- acessibilidade;
- aspectos legais e éticos em IHC;
- governo eletrônico e cidadania;
- interfaces tridimensionais (3D);
- interfaces inteligentes, adaptáveis e adaptativas;
- internet das coisas (IoT);
- realidade virtual e realidade aumentada (VR/AR);
- computação afetiva e aspectos emocionais em IHC;
- design participativo.

Esses e outros **objetos de estudo da IHC** podem ser classificados de acordo com:

1. Natureza da interação: pesquisa o que acontece quando as pessoas estão usando sites, aplicativos e outros sistemas.
2. Contexto da interação: pesquisa influências na interação de pessoas com sistemas que podem estar relacionadas com práticas e concepções próprias de grupos e sociedades das quais esses indivíduos pertencem, bem como com a situação em que se encontram.
3. Características humanas: pesquisa como as características humanas, sejam cognitivas (processamento de informação, memória, aprendizado etc.), sejam físicas (visão, articulação motora, audição etc.), atuam na utilização dos sistemas.

4. Arquitetura de sistemas computacionais: pesquisa técnicas e tecnologias que auxiliam o usuário a utilizar os sistemas, principalmente os controles, os elementos e os equipamentos de entrada, saída e interação.
5. Processos de desenvolvimento: pesquisa as abordagens para projeção e desenvolvimento de sistemas interativos de sucesso, identificando pontos fortes e fracos desse processo e sua influência nos resultados.

Em razão de sua abrangência, a IHC é mais bem trabalhada com uma **equipe multidisciplinar**, pois requer a articulação de conhecimentos, por exemplo, em computação, psicologia, sociologia, antropologia, design, semiótica, ergonomia e linguística.

Todos esses esforços visam ao aumento da qualidade dos sistemas, o que pode trazer benefícios em termos de produtividade dos usuários, redução de custos para a empresa desenvolvedora quanto a suporte técnico e treinamentos, além de aumento da popularidade dos produtos (sites, aplicativos ou outros sistemas).

5.1.1 **Interação**

Vimos no Capítulo 1, no trecho sobre redes sociais da internet, que esses sites proporcionam a criação de laços, mais fortes ou mais fracos, a depender do tipo de interação social estabelecida, que pode ser:

- interação reativa: interações sociais estáticas propiciadas pela estrutura técnica do site e suas funcionalidades, como curtir, estabelecer amizade e compartilhar;

- interação mútua: interações sociais estabelecidas por meio de trocas, diálogo e conversações.

Agora, estamos lidando com o conceito da interação instaurada entre o usuário em contato com o sistema. Logo, na área de IHC, "podemos considerar a interação usuário-sistema como sendo um processo de manipulação, comunicação, conversa, troca, influência, e assim por diante" (Barbosa; Silva, 2010, p. 20). São quatro as perspectivas pelas quais podemos pensar a interação usuário-sistema, aqui elencadas no Quadro 5.1.

Quadro 5.1 – **Perspectivas da interação usuário-sistema**

Perspectiva	Significado da interação
Sistema	O usuário faz parte do sistema computacional. A interação está na transmissão de dados e comandos entre o usuário e o sistema.
Parceiro de discurso	Conversação entre o sistema e o usuário de forma semelhante a um diálogo entre humanos.
Ferramenta	O sistema é uma ferramenta que deve ser manipulada com habilidade e facilidade para a realização de tarefas do usuário.
Mídia	Comunicação entre o usuário e quem projetou o sistema e o usuário; e comunicação entre usuários em sistemas comunitários.

Fonte: Elaborado com base em Barbosa; Silva, 2010.

Em suma, para os autores, a interação é o que acontece durante o uso do sistema pelo usuário e, para a criação de um site ou sistema, a coexistência de uma ou mais perspectivas de interação é possível, devendo a escolha delas estar atrelada aos objetivos do sistema e às necessidades do público-alvo.

5.1.2 **Interface**

Entende-se por *interface* a parte do sistema com a qual o usuário tem contato durante a interação. Barbosa e Silva (2010) afirmam que ela deve estar de acordo com as expectativas e as habilidades do público-alvo e que a interação humano-sistema pode ser do tipo:

- Físico: estabelecida por meio do aparelho motor ou da percepção (auditiva ou visual, por exemplo), realizada por intermédio de equipamentos de entrada e saída dos dispositivos, podendo estar em associação com um *software*. Antes, esses itens estavam mais atrelados aos equipamentos físicos, mas isso vem mudando com as interfaces gráficas, as telas táteis e os sistemas de comando por voz, gestos etc.
- Conceitual: estabelecida por meio da interpretação e do entendimento do usuário sobre o que está ocorrendo durante a interação com o sistema.

Podemos dizer que a interface é o modo de comunicação do usuário com o sistema para a passagem de comandos e dados. Dessa forma, Barbosa e Silva (2010) concluem que os controles remotos, os painéis de controle, as *vending machines* e a parte de um site do lado do usuário apresentada pelo navegador de internet são interfaces.

PRESTE ATENÇÃO!

Conheça a história e a evolução das interfaces gráficas em:

ARRUDA, F. A história da interface gráfica. **Tecmundo**, 8 abr. 2011. Disponível em: <https://www.tecmundo.com.br/historia/9528-a-historia-da-interface-grafica.htm>. Acesso em: 28 jan. 2021.

Na web, a interface apresenta não apenas o design e o conteúdo dos sites, mas também elementos para interação, para chamadas de ação, como a entrada de texto, a leitura deste e a apresentação de uma imagem, por exemplo.

5.1.3 Affordance

Affordance é um termo normalmente não traduzido para o português e que foi cunhado no final da década de 1970, no campo da psicologia. Ele diz respeito às características que um objeto ou sistema apresentam e que indicam como estes podem ser usados ou como funcionam.

De forma geral, sabemos o que fazer com puxadores, alças, botões, tampas, assentos e catracas. No contexto da web, textos, caixas de texto, botões, barras de rolagem e *links* indicam ao usuário diferentes formas de interação com os elementos.

5.1.4 Sistema ideal

O sistema ideal seria o que está de acordo com os objetivos para o qual foi feito e com uma interface que se comunica bem com o usuário, auxiliando-o, de forma satisfatória, em suas tarefas. No entanto, perceba que os sites e os sistemas, por mais universais que possam ser, são criados para um público-alvo executar um conjunto de atividades em determinado contexto, e isso deve ser levado em consideração ao se avaliar se o site ou sistema tem ou não qualidade.

O sistema ideal não faz o usuário perder tempo pensando sobre como o sistema funciona, apenas o auxilia e o envolve na experiência proporcionada. É um sistema com qualidade.

5.2 Qualidade da interação humano-computador

Para Barbosa e Silva (2010), a qualidade de uma interface em relação à interação humano-computador pode ser dada ou avaliada segundo qualidades como: usabilidade e experiência do usuário, acessibilidade, comunicabilidade.

5.2.1 Usabilidade

Usabilidade pode ser definida, sob a perspectiva da qualidade de *software*, como "um conjunto de atributos relacionados com o esforço necessário para o uso de um sistema interativo e relacionados com a avaliação individual de tal uso, por um conjunto específico de usuários" (ABNT, 2003) ou, ainda, como um requisito para a ergonomia, "o grau em que um produto é usado por usuário específico para atingir objetivos específicos com eficácia, eficiência e satisfação em um contexto de uso específico" (ABNT, 2011).

Para Barbosa e Silva (2010), a usabilidade está associada às questões perceptivas, cognitivas e motoras. Logo, os **fatores de usabilidade** são:

- **Facilidade de aprendizado**: tempo e esforço do usuário para entender e usar o sistema para realizar seu objetivo, o que é especialmente importante no primeiro contato.
- **Facilidade de memorização**: capacidade do usuário de recordar como o site funciona, visto já ter tido contato anterior.
- **Eficiência**: medida que relaciona as tarefas realizadas e o tempo de conclusão destas, o que diz respeito à produtividade do usuário.

- **Segurança de uso**: é alcançada quando se evitam ou se corrigem erros que o usuário pode cometer ao usar o sistema.
- **Satisfação do usuário**: medida subjetiva que expressa a opinião do usuário (no quesito emocional e sentimental) em relação ao sistema.

Para guiar o desenvolvimento e, também, para avaliar interfaces gráficas, existem várias propostas de metodologias. Contudo, as mais populares são as heurísticas de usabilidade, criadas por Jakob Nielsen e Rolf Molich (Barbosa, Silva, 2010), quais sejam:

- **Oferecer atalhos**: apresentar diferentes maneiras de acessar uma funcionalidade ou conteúdo é importante para a economia de tempo e esforço do usuário, o que pode acontecer, por exemplo, ao se colocar um *link* para a página inicial no menu e na logo ou, além disso, adicionar as páginas mais importantes no rodapé do site.
- **Criar diálogos simples e naturais**: caixas de diálogos, caixas de mensagens, textos de orientação, *links*, botões e textos alternativos devem ser diretos, com vistas a facilitar a leitura e o entendimento de forma rápida. Devem ser explicativos sem se alongar.
- **Criar um *help* e a documentação do sistema**: para auxiliar o usuário a entender melhor o site ou sistema, é importante usar tutoriais, dicas, central do usuário, *frequently asked questions* (FAQ), textos alternativos etc.
- **Falar a linguagem do usuário**: o vocabulário usado no site precisa estar de acordo com o público-alvo, seja generalista, seja especializado. Para isso, é muito importante conhecer o grupo de usuários finais, suas necessidades e suas habilidades.

- **Prevenir a ocorrência de erros**: o site deve ajudar o usuário a encontrar os conteúdos procurados, entender o que encontra, preencher formulários e realizar outras atividades de forma correta, evitando que perca tempo com erros e confusões.
- **Ser consistente**: ao longo de todo o site, o usuário deve perceber que há repetição e concordância em termos de design, esquemas, organização, qualidade, entre outros aspectos que conferem a ideia de unidade ao site.
- **Fornecer *feedback***: é importante que o usuário saiba o que fez e o que o site está fazendo em cada momento. Para isso, são usadas caixas de mensagens com confirmações, ícones animados de carregamento e outros tipos de avisos, evitando, assim, que o usuário refaça a solicitação ou aguarde por ações já realizadas pelos sistemas e que ele não notou.
- **Reduzir a carga de memória do usuário**: é importante fazer com que o usuário reconheça padrões à medida que navega pelo site ou pela aplicação. Dessa forma, ele se familiariza com o sistema e executa as ações com menos dicas, sem necessidade de acessar a memória.
- **Exibir mensagens de erro claras**: as mensagens de erro devem ajudar o usuário a entender o que aconteceu de errado e, de preferência, devem informar o que deve ser feito para corrigir ou remediar a ação equivocada.
- **Marcar com clareza as saídas**: o usuário deve estar no controle do site ou sistema, de forma que ele possa escolher os caminhos a seguir, como retroceder ou cancelar processos, navegar por páginas já visitadas, fechar janelas e interromper ações.

As atividades de avaliação das interfaces em termos de usabilidade são um dos princípios para se atingir uma boa experiência do usuário, principalmente se contam com o *feedback* dele.

5.2.2 Acessibilidade

A acessibilidade é uma qualidade do sistema relativa à capacidade de ele não adicionar obstáculos aos usuários na realização de suas tarefas. Segundo Barbosa e Silva (2010), a acessibilidade de uma interface digital diz respeito ao fato de esta possibilitar maneiras de os usuários entenderem, perceberem, interagirem e navegarem no sistema, mesmo que tenham deficiências físicas (visuais, auditivas ou motoras) ou cognitivas (de aprendizado, memorização, etc.), ou estejam em condições de redução de suas habilidades.

Com relação à web, vimos, no Capítulo 2, que a acessibilidade é um dos principais objetivos do World Wide Web Consortium (W3C), que busca promover uma web aberta e acessível a todos, recomendando padrões e boas práticas, como é o caso do documento Diretrizes de Acessibilidade para Conteúdo Web (WCAG) (W3C Brasil, 2014), que dispõe em seu sumário:

Diretrizes WCAG 2.0

1. Perceptível:

1.1 Alternativas em Texto: Fornecer alternativas textuais para qualquer conteúdo não textual, para que possa ser transformado em outras formas de acordo com as necessidades dos usuários, tais como impressão com tamanho de fontes maiores, braille, fala, símbolos ou linguagem mais simples

1.2 Fornecer alternativas para mídias baseadas em tempo

1.3 Criar conteúdo que pode ser apresentado de diferentes maneiras (por exemplo, um layout simplificado) sem perder informação ou estrutura.

1.4 Facilitar a audição e a visualização de conteúdo aos usuários, incluindo a separação entre o primeiro plano e o plano de fundo

2 Operável:

2.1 Fazer com que toda funcionalidade fique disponível a partir de um teclado

2.2 Fornecer aos usuários tempo suficiente para ler e utilizar o conteúdo

2.3 Não criar conteúdo de uma forma conhecida por causar convulsões

2.4 Fornecer maneiras de ajudar os usuários a navegar, localizar conteúdos e determinar onde se encontram

3 Compreensível:

3.1 Tornar o conteúdo de texto legível e compreensível

3.2 Fazer com que as páginas web apareçam e funcionem de modo previsível

3.3 Ajudar os usuários a evitar e corrigir erros

4 Robusto:

4.1 Maximizar a compatibilidade entre os atuais e futuros agentes de usuário, incluindo tecnologias assistivas.

Além de seguir as diretrizes, os sites podem passar por análises de usabilidade, como explicaremos mais adiante.

5.2.3 **Comunicabilidade**

A comunicabilidade é a qualidade da interface baseada na premissa de que deve haver, por meio dessa interface, uma boa comunicação entre o designer da interação e o usuário. Para tanto, segundo Barbosa e Silva (2010), a interface deve transmitir ao usuário os princípios da interação planejada por seu projetista, a fim de conduzir o usuário a fazer suas atividades com eficiência e eficácia.

A comunicabilidade está associada com a teoria da IHC da engenharia semiótica, pois visa comunicar uma ideia ou uma lógica do design planejada para seu bom desempenho. Segundo Barbosa e Silva (2010, p. 38), "a lógica do design [...] deve refletir as decisões tomadas sobre: a quem se destina o sistema, para que ele serve, qual a vantagem de utilizá-lo, como ele funciona e quais são os princípios gerais da interação com o sistema".

Os autores afirmam ainda que, para melhorar as estratégias de comunicação, podem ser usadas analogias, que fazem o usuário aproveitar seu conhecimento de mundo para usar uma nova interface. Dicas em textos complementares, ilustrações e animações também são estratégias válidas para ajudar no entendimento da lógica do sistema.

5.3 Experiência do usuário

A experiência de uma pessoa é algo subjetivo e diz respeito a fatores pessoais, podendo ser afetada por:

- fatores humanos, como habilidades motoras e cognitivas, crenças, humor etc.;
- fatores do ambiente externo ou do contexto no qual a pessoa se encontra;
- situação, como horário, localização e movimentação;
- questões de design e estratégias.

Portanto, UX design é uma área que se beneficia de muitas disciplinas, como IHC, design de interação, psicologia, arquitetura da informação, design industrial, design visual, mídias, entre outras. Podemos considerar que o UX design tem as seguintes **subáreas**:

1. **Arquitetura da informação**: objetiva estruturar a interface, ajudando a indicar os caminhos a serem traçados pelo usuário, dando-lhes diferentes possibilidades de acordo com suas metas. É possível otimizar o acesso, a manipulação e a recuperação das informações em sistemas informacionais. Para tanto, de acordo com Ribeiro e Vidotti (2009), tal arquitetura prevê que a ação dos usuários acontece a partir do auxílio fornecido pelos sistemas de busca, organização, navegação, rotulação, nomeação ou taxonomia.
2. **Usabilidade**: objetiva tornar as interfaces fáceis de usar, prezando pela eficiência e pela satisfação do usuário.
3. **Design de interação**: determina o comportamento das interfaces, prevendo pontos de contato ou de trocas com o usuário.
4. **Estratégia de design**: determina o objetivo da interface, sua forma de evolução, as formas de medir seu sucesso e seu retorno etc.
5. **Pesquisa com usuário**: busca entender o público-alvo e suas opiniões sobre a interface.

Na sequência, apresentaremos, de acordo com Teixeira (2014), como o projeto da UX pode ser realizado em seis etapas e quais métodos e ferramentas (produtos entregáveis) podem ser empregados.

- **Definição das estratégias**: os entregáveis que podem ser mencionados são: personas, análise competitiva, mapa da jornada do usuário, *user stories* (narrativa do usuário), ecossistema, proposição de valor, métricas, indicadores e entrevistas com os *stakeholders* (pessoas interessadas ou envolvidas nos projetos).

- **Geração de ideias:** os entregáveis relativos à geração de ideias ou soluções alternativas ao proposto pelo cliente para produção de um site ou outro produto são múltiplos. Alguns exemplos são: *brainstorming*, *moodboard* (murais criativos ou de humor), *storyboard* (algo como uma história em quadrinhos), fluxo do usuário, análise de tarefas e taxonomia.
- **Planejamento do produto:** os elementos de planejamento de produtos podem ter diferentes funções e podemos citar auditoria de conteúdo, *sitemap*, análise heurística, *roadmap* de funcionalidades, cenários e casos de uso e análise de métricas.
- **Pesquisa e validação:** as técnicas usadas durante e após a criação do site ou interface, como grupo focal, questionários, testes de usabilidade, *card sorting*, teste A/B, *eyetracking* e análise de acessibilidade.
- **Desenho de interfaces do usuário (UI design):** um longo caminho deve ser traçado até o webdesigner chegar à primeira proposta de interface e design do site. Esse processo de criação pode ser gradual, até culminar no produto final. Nesse ponto, as ferramentas e as técnicas que podem ser usadas para o desenho da interface são: *sketches*, *wireframes*, protótipos e bibliotecas de padrões.

Todos esses entregáveis são formas de comunicação entre as equipes e podem ser realizados por um profissional específico, o UX designer, ou ser aproveitados, como um aprimoramento, no processo criativo do webdesigner. Em todos os casos, a máxima de conhecer o usuário antes e durante a criação e o período em que o site estiver em produção é ainda o ponto-chave para o sucesso do projeto.

5.4 Etapas da criação de websites

Uma vez que já conhecemos as técnicas para a criação de sites e o funcionamento da web, bem como vários conceitos em design digital e experiência do usuário, vamos, a partir de agora, analisar as etapas da criação de um website. De modo geral, podemos dizer que a criação de um site passa pelas seguintes etapas:

| *Briefing* → Arquitetura → Criação e design → Validação |

Contudo, propomos aqui um processo mais longo e detalhado, que leva em conta: (1) as etapas do UX design; (2) os métodos e os entregáveis da UX e (3) a implementação do site. Logo, as **etapas do webdesign na perspectiva da UX** são:

- *briefing*: preliminar e complementar;
- pesquisas de público-alvo e mercado: personas e análise competitiva;
- arquitetura da informação: auditoria do conteúdo e *sitemap*;
- design de interação: cenários e casos de uso e fluxo do usuário;
- design de interface: *wireframe*, criação e arte;
- prototipação: protótipos de baixa e alta fidelidade;
- validação e testes;
- implementação.

Cada profissional pode, por meio da experiência, escolher suas próprias técnicas; entretanto, é muito importante conhecer previamente alguns desses entregáveis, caso surja a necessidade de usá-los em um projeto. Vamos analisá-los mais de perto.

5.4.1 *Briefing*

Tudo começa com o *briefing*, que é o primeiro contato do webdesigner (ou UX designer) com o cliente. É quando se toma ciência do projeto e de seus primeiros requisitos. Pode ser construído com base em entrevistas (presenciais ou a distância) ou preenchimento de questionários.

Nessa etapa, é preciso questionar o cliente sobre quais são suas expectativas quanto ao produto a ser desenvolvido, ao próprio cliente e ao seu público-alvo. Devem ser feitas boas perguntas (claras e objetivas), porém o mais importante é saber ouvir com atenção.

O *briefing* é, então, um resumo da entrevista com o cliente e, de acordo com Marinho (2012), pode ser feito em duas etapas:

- *Briefing* preliminar: informações iniciais sobre o público-alvo do projeto; objetivos do site; "imagem" a ser passada para os visitantes; análise de sites da concorrência etc.
- *Briefing* complementar: estratégia do negócio; informações gerais sobre o cliente e seu público-alvo; estratégias para o conteúdo; preferências para a aparência e o *layout* etc.

Além de dados sobre a qualidade do projeto, do *briefing* extraem-se informações também para a formulação da proposta comercial, que, uma vez aceita, será integrada ao contrato de prestação de serviços.

5.4.2 **Pesquisas de público-alvo e mercado**

Após o *briefing* com o cliente, devem ser despendidos esforços para entender o público-alvo do site, bem como conhecer os sites dos concorrentes.

Personas

Personas podem ser definidas como personagens semifictícias que servem para representar o público-alvo de um projeto. Elas ajudam o designer e os demais profissionais da equipe de criação de um site ou sistema a delinear seu conhecimento sobre o público-alvo.

As personas, apesar de serem uma criação, baseiam-se em informações reais sobre o público-alvo do projeto. Cada persona deve representar um grupo ou subgrupo específico de usuários do site. Aconselhamos a criação de três a sete personas, cada uma apresentada visualmente em um cartão ou quadro. Para a criação de personas, é importante considerar informações como (Agni, 2020):

- Foto: ilustração ou fotos de banco de imagens livres. Não use pessoas conhecidas, para não confundir a equipe, nem imagens sem autorização.
- Informações gerais e demográficas: idade, sexo, localização, formação e atuação.
- Comportamentais: interesses e objetivos, principalmente os relativos ao projeto em questão; habilidades com tecnologias; hábitos e preferências, possíveis habilidades etc.
- Pontos de conflitos ou necessidades: o que não é bem-vindo ou prejudicaria o bem-estar do usuário.

As personas podem ser classificadas em função de seu modo de criação, podendo ser (Agni, 2020):

- Persona tradicional quantitativa: construída com base em pesquisas e levantamentos entre o público-alvo.

- Persona tradicional qualitativa: construída por meio de entrevistas com pessoas escolhidas por serem representativas do público-alvo.
- Protopersona: construída por meio de *brainstorming* com a equipe de criação e o cliente, ambos já familiarizados com o público em questão.

Uma vez conhecidos os diferentes grupos de usuários e a equipe já familiarizada com as personas criadas, torna-se mais fácil alinhar essa equipe com os objetivos do projeto e os usuários personificados, visando sempre ao melhor para os usuários reais. As personas promovem, desse modo, a empatia.

Análise competitiva

Analisar o mercado no qual se inserem o cliente e os produtos da concorrência é uma importante etapa para o entendimento do problema a ser resolvido ou do projeto a ser desenvolvido. Tal análise pode ser apresentada em um quadro contendo os concorrentes e as categorias de análise.

As categorias de análise podem ser criadas sob demanda para o projeto em questão. Seguem algumas sugestões:

- Análise SWOT: atributos internos, como pontos fortes e pontos fracos; aspectos externos, como oportunidades e ameaças.
- Características ligadas à qualidade: responsividade, acessibilidade, usabilidade, comunicabilidade, qualidade da escrita e das mídias usadas.

- Características do negócio: perfil de consumidor, serviços e facilidades ao consumidor e aos produtos.
- Estrutura e elementos: *home page*, elementos de navegação, formas de interação e entrada de dados, funcionalidades, rodapé, publicidade, ajuda e *feedback* etc.
- Design: identidade visual, cores, tipografia, imagens e audiovisual, ícones, *layout* etc.

Devem ser escolhidos concorrentes diretos, mas concorrentes modelos também podem servir de inspiração ou meta. Podem ser adicionados concorrentes fornecidos pelo cliente durante o *briefing* e, ainda, outros agentes importantes encontrados por meio de pesquisa conduzida pela própria equipe de criação e desenvolvimento.

5.4.3 Arquitetura da informação

A arquitetura do site pode ser definida, inicialmente, levantando-se o conteúdo que deve contemplar, para depois construir seu mapa.

Auditoria do conteúdo

A autoria refere-se ao levantamento do conteúdo que deve ser apresentado no site. Devem ser definidos quais serão fornecidos pelos clientes, encomendados a terceiros e produzidos, bem como se serão produzidos pela equipe ou pelo profissional responsável pela criação do site.

É fundamental que sejam definidas as estratégias de comunicação escrita e audiovisual em termos de estrutura, periodicidade e quantidade, tendo-se, assim, uma consciência do conteúdo geral.

Sitemap

O *sitemap*, ou mapa do site, é uma das ferramentas mais importantes do processo de desenvolvimento da UX. É um diagrama, ou seja, uma representação visual e esquematizada, de páginas ou tipos de páginas de um site; afinal, as páginas dinâmicas têm uma estrutura comum, mas seu conteúdo pode mudar conforme a interação, como o que acontece com as páginas de um produto em um site de *e-commerce*.

Com essa ferramenta, é possível visualizar:

- a quantidade de páginas que o site terá;
- a hierarquia entre as páginas e os mais diferentes níveis do conteúdo;
- as possibilidades de navegação no site para se encontrar determinado conteúdo.

Assim, essa ferramenta é bastante ligada à arquitetura da informação, uma vez que dá subsídios para a definição dos subsistemas de organização, navegação e rotulação que o site deve apresentar.

No *sitemap*, podem estar representadas as páginas ou os *templates* de páginas, os pontos de acesso do usuário ao site, as páginas disponíveis com ou sem credenciamento (*login*), entre outros elementos, contanto que a hierarquia e a navegabilidade estejam bem definidas.

É importante mencionar que o termo *sitemap* é usado tanto para designar a ferramenta de UX mencionada, quanto para a estrutura existente dentro do site que apresenta suas páginas e suas categorizações ao usuário. Como ferramenta de navegação, o *sitemap* de um site pode figurar no rodapé, na íntegra ou resumido, ou pode aparecer como um *link* para uma página dedicada a tal conteúdo.

5.4.4 Design de interação

Para ajudar a planejar a interação do site, há técnicas de levantamento de cenários e casos de uso, além do fluxo do usuário.

Cenários e casos de uso

É uma listagem de todas as situações nas quais o usuário pode acessar o site (cenários), indicando funcionalidades e atividades que estão ou não disponíveis (casos de uso) para os mais diferentes papéis de usuário (atores).

Alguns possíveis cenários para um site de *e-commerce* são:

- usuário visitante ou não logado;
- usuário logado;
- usuário em primeira visita

Alguns possíveis casos de uso para um site de *e-commerce* são:

- realizar cadastro;
- atualizar perfil;
- adicionar item no carrinho;

- finalizar pedido;
- fazer tutorial para iniciantes.

Alguns possíveis atores ou tipos de usuários com diferentes papéis e permissões no site são:

- usuário;
- administrador;
- funcionário;
- fornecedor.

Podemos, por exemplo, imaginar que, no cenário em que o usuário não esteja logado no site, ele teria acesso apenas aos conteúdos públicos e poderia visualizar um *link* de cadastro ou de acesso. Caso ele ainda não estivesse cadastrado no site, após preencher o formulário e acessar sua área privada no primeiro acesso, ele poderia recorrer a um tutorial para entender como usar o sistema.

Fluxo do usuário

O fluxo do usuário é uma representação gráfica dos caminhos ou fluxos que o usuário deve fazer para realizar atividades dentro do site, como encontrar determinado conteúdo, preencher e enviar um formulário de contato, realizar uma compra ou devolução, por exemplo. Esse fluxo está ligado ao negócio do cliente e ao que ele fornece aos usuários finais, segundo os cenários e os casos de usos levantados anteriormente.

É uma importante ferramenta para definir, corrigir ou melhorar o passo a passo das atividades que o site deve fornecer ao usuário, focando em seus principais conteúdos e suas funcionalidades. Algumas vezes, o cliente terá suas atividades e seus processos bem desenhados e documentados, mas, em outras tantas, a criação do site forçará esse planejamento.

O fluxo do usuário pode ser delineado por meio de um fluxograma ou de uma narrativa gráfica feita com a miniatura das telas do site. Um fluxograma é uma estrutura que apresenta a hierarquia e a sequência de etapas para a realização de uma atividade. Seus elementos podem representar ponto de partida ou início de fluxo, atividades, condições ou bifurcação, criação, armazenamento ou arquivamento de documentos (em uma ou mais vias), pontos de junção etc.

5.4.5 Desenho de interfaces

Nessa fase, a preocupação reside na aplicação *branding* e na identidade visual do *layout* e dos *mockups* do site.

Wireframes

Como vimos no capítulo anterior, os *wireframes* são uma importante ferramenta visual para apresentar o "esqueleto" do site, não apenas o *layout*, mas inúmeros outros elementos que o compõem.

Normalmente, são feitos usando caixas e outros elementos em tons de cinza, que representam o posicionamento, os tamanhos e os tipos de conteúdo. Podem ser feitos para diferentes tipos de página e organizados em sequência para simular a navegação entre as telas.

Figura 5.1 – **Exemplos de *wireframes***

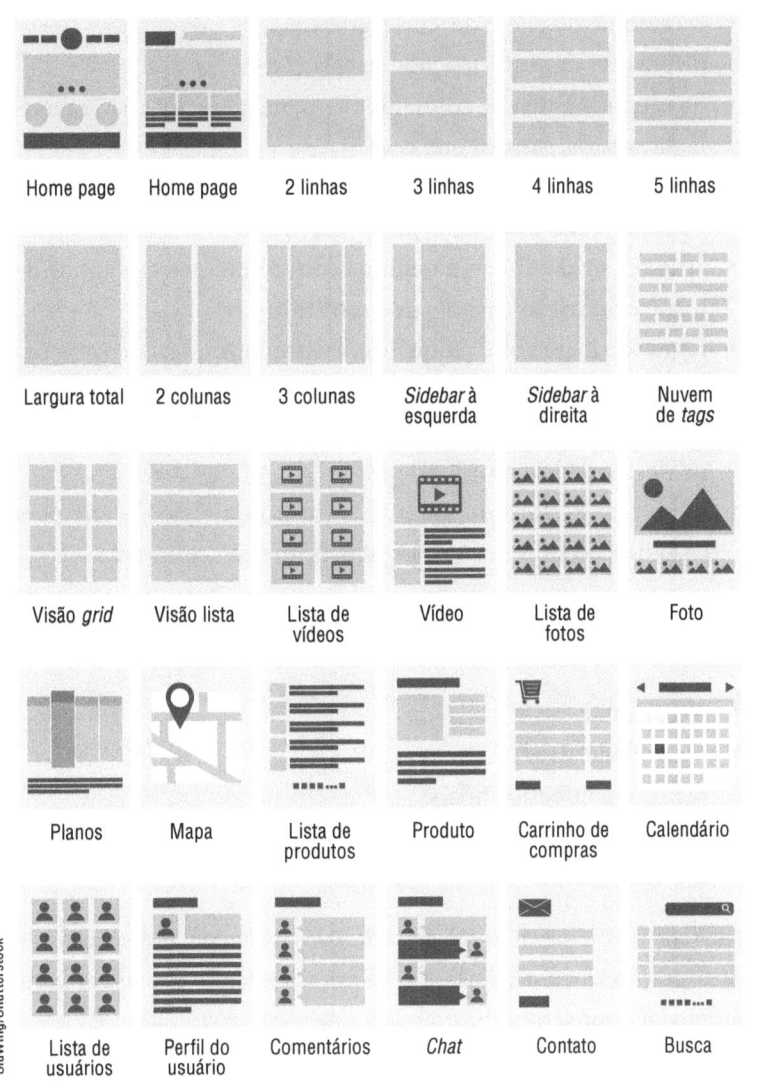

| Home page | Home page | 2 linhas | 3 linhas | 4 linhas | 5 linhas |

| Largura total | 2 colunas | 3 colunas | *Sidebar* à esquerda | *Sidebar* à direita | Nuvem de *tags* |

| Visão *grid* | Visão lista | Lista de vídeos | Vídeo | Lista de fotos | Foto |

| Planos | Mapa | Lista de produtos | Produto | Carrinho de compras | Calendário |

| Lista de usuários | Perfil do usuário | Comentários | *Chat* | Contato | Busca |

SiuWing/Shutterstock

Com o uso de *wireframes*, é possível ilustrar:

- hierarquia do site e de suas páginas;
- disposição das informações na tela (*layout*);
- quantidade e tipo de conteúdo (logo, imagens, galerias, tabelas, listas, textos, *banners* etc.);
- menus e elementos de navegação (menu vertical, menu horizontal, *breadcrumb*, caixa de busca, mapa do site etc.);
- apresentação em equipamentos com diferentes tamanhos de tela e orientação (paisagem e retrato);
- regras de negócios e requisitos de sistema, ou seja, requisições relativas ao tipo de negócio e às funcionalidades do site, como apresentado pelo cliente e pelos demais profissionais da equipe de desenvolvimento;
- diferentes estados do sistema indicando a visão da tela para caso de visitante, usuário logado, primeiro acesso etc.

É importante saber, também, que o *wireframe* não contempla os seguintes elementos:

- *layout* final;
- identidade visual da marca;
- textos e conteúdos finais;
- completude dos casos de uso do site;
- interatividade.

Assim, os *wireframes* são considerados ferramentas essenciais de estruturação, documentação e comunicação, sendo imprescindíveis em qualquer projeto web.

Criação e arte

Uma forma de aprimorar o que já foi aprovado no *wireframe* é adicionar a arte ao projeto. Para tanto, entram em ação o trabalho com os fundamentos de design gráfico, tipografia, cores, imagens, semiótica, identidade visual, como vimos, principalmente, no Capítulo 3.

É importante mencionar que a criação do site não necessariamente remete à criação da identidade visual da marca, que deve ser acrescida na proposta como um serviço adicional ou ser entregue pelo cliente, caso já a tenha.

Para a criação da arte, uma ferramenta de auxílio para a construção de *layouts*, já antevendo sua aplicação nos dispositivos, são os *grids*. Usar as técnicas das grades é uma forma de projetar o *layout* para a organização do conteúdo do site ou de outras peças gráficas. Elas transmitem a ideia de alinhamento e equilíbrio, como explicamos ao abordar os fundamentos do design digital e da criação de *layout* em HyperText Markup Language + Cascading Style Sheets (HTML+CSS). Agora, no entanto, vamos pensar os *grids* para a criação da arte do site, aplicável nos protótipos e no site em si.

Os elementos básicos do *grid* são:

- Margem: é o espaço negativo entre a borda da tela e a borda de onde será alocado o conteúdo.
- Mancha: é o espaço do *grid* quando retiradas as margens, nas quais será adicionado o trabalho.
- Guias horizontais: são as guias que ajudam a divisão e a distribuição dos elementos em linhas.
- Colunas: formam as guias verticais para a diagramação do conteúdo.

- Calhas: é o espaço de separação entre as colunas.
- Módulos: são resultantes do encontro das colunas com as guias horizontais.
- Zonas espaciais: é o conjunto de módulos que podem receber um conteúdo.
- Marcadores: são os espaços secundários para informações complementares localizadas fora das margens, como paginação, por exemplo.

Os tamanhos dos elementos precisam ser calculados com base nas principais resoluções de tela; o mais comum é usar 12 colunas para *desktop*, 8 para *tablets* e 4 para *smartphones*.

Figura 5.2 – **Exemplo de grades para criação de webdesign**

Existem sites que calculam as medidas das colunas e das calhas a depender da quantidade escolhida para o projeto e, ainda, é possível baixar *templates* prontos para serem usados em programas editores de imagem, como veremos no próximo capítulo.

5.4.6 Prototipação

Protótipos são simulações de sites e sistemas usadas para validação com cliente e testes com usuários, preconizando o site ou o sistema real. O intuito é de que os protótipos sejam navegáveis e interativos, servindo como ferramentas de validação do *layout*, do design e do design de interação do site.

As vantagens da adoção de **protótipos interativos** no processo de criação de interfaces de sistemas e sites são:

- melhoria da comunicação entre equipe e cliente, por se tratar de uma representação gráfica;
- fornecimento de uma experiência de navegação;
- produção de um documento enxuto com várias páginas do site em uma mesma página;
- aprimoramento da apresentação de versões iniciais do site ao cliente;
- facilidade de acesso a ferramentas disponíveis no mercado;
- promoção de um processo contínuo de aprendizado e melhoria do site, por serem de fácil edição;
- possibilidade de aplicação em testes com usuários.

Algumas ferramentas permitem a geração do código do site a partir do sistema, em outros casos, o protótipo pode ser feito conforme os *templates* já na linguagem geral. Em ambos os casos, o protótipo evolui para o produto final. No entanto, de forma geral, os protótipos apenas guiam a criação do produto final em outra plataforma e tecnologias.

Em alguns cenários, o termo *protótipo* é substituído por *mockup* (quando apresenta a interface já aplicada na mídia de suporte) ou por *protótipo de alta fidelidade* (quando o protótipo é do tipo interativo). Uma vez que os *wireframes* também podem ser chamados de *protótipos de baixa fidelidade*, é possível ainda considerar que os protótipos são uma forma avançada de *wireframe*.

5.4.7 Validação e testes

Nessa etapa, estão as técnicas para entender o que usuários do site pensam, o que pode acontecer antes, durante e após a criação deste, a depender da necessidade e das hipóteses que se quer testar.

Entre os métodos usados, Teixeira (2014) elenca:

- **Grupo focal (*focus group*)**: uma entrevista coletiva na qual o entrevistador conversa com representantes do público-alvo, havendo interação entre todos, o que pode resultar em informações mais ricas do que quando feita individualmente.
- **Questionários**: questões objetivas por meio das quais os participantes podem avaliar aspectos do site atribuindo-lhes valores numéricos (quantitativo) ou conceitos (qualitativos), como "bom", "ruim" ou "razoável". São práticos e podem ser realizados *on-line*.

- **Teste de usabilidade:** são avaliações feitas observando-se o usuário em contato com o produto ou protótipo, sendo possível avaliar emoções, comportamentos, pontos de confusão ou erro, bem como coletar opiniões e sugestões. Podem ser feitas de modo livre e, dessa forma, o usuário escolhe os caminhos que quer traçar no site ou segue um roteiro com tarefas propostas.
- *Card sorting* **(ordenamento de cartões):** é uma técnica usada para verificar como o usuário organizaria e nomearia os conteúdos e as funcionalidades de um site, o que auxilia na arquitetura da informação.
- **Testes A/B:** consiste em fornecer duas versões do site ou de uma parte do site, como uma página de cadastro, e levantar qual das opções foi mais bem aceita pelo público. É importante para testar hipóteses e adequar novos conteúdos e serviços.
- *Eyetraking* **(rastreamento dos olhos/olhar):** é uma tecnologia que consegue mapear as partes de um site ou sistema que mais obtiveram a atenção do usuário, servindo para verificar se certos conteúdos estão ou não atingindo seu objetivo de atração e criação de interesse. É realizado em laboratórios específicos.
- **Análise de acessibilidade:** estuda se o site está apto a receber o acesso de pessoas nos mais diferentes cenários, como em mobilidade em centros urbanos agitados, além de pessoas com necessidades especiais. Pode ser empreendida entre usuários ou com o auxílio de programas validadores, que verificam se o código do site está em concordância com as normas de acessibilidade web.

Esses métodos de pesquisa e avaliação contemplam questões de usabilidade, acessibilidade, formas apropriadas de comunicação, ou seja, de aspectos qualitativos do site e seu impacto na experiência do usuário, como apontamos anteriormente.

5.4.8 Implementação

Uma vez concluído o processo de design, o site pode ser implementado, sendo, então, necessário o conhecimento acerca de plataformas de criação de sites, além das linguagens HTML, CSS, JavaScript, entre outras. A depender da formação da equipe, isso será responsabilidade de um desenvolvedor *front-end* ou do próprio webdesigner.

No próximo capítulo, abordaremos a publicação de sites na web, assim como ferramentas que podem auxiliar o webdesigner em todos os processos estudados até o momento.

REDPIXEL.PL/Shutterstock

Capítulo 6

FERRAMENTAS E SERVIÇOS PARA O WEBDESIGNER

Como vimos, não há um consenso sobre os limites das habilidades exigidas de um webdesigner, principalmente porque ele pode ser um profissional vindo da comunicação, do *marketing*, do design ou da tecnologia da informação (TI). Por isso, ao longo deste capítulo, analisaremos vários aspectos da web e do webdesigner, tanto os teóricos quanto os técnicos, perpassando o design digital e a codificação e estruturação dos sites. Dedicaremos este momento final sobretudo à apresentação de ferramentas e serviços que podem ajudar o webdesigner em sua missão de criar e manter websites.

Como o mercado pode exigir que o webdesigner tenha muitos conhecimentos e habilidades, enfatizaremos que algumas ferramentas precisam ser dominadas, ao passo que outras apenas devem ser conhecidas para o caso de serem necessárias em algum contexto específico. Nesse sentido, elencaremos algumas delas e debateremos estratégias e questões que devem ser levadas em conta na aquisição de ferramentas e serviços para os projetos de websites.

6.1 Ferramentas para a criação digital

Já explicamos que as imagens *bitmap* são formadas por um mapa de pixel, e as imagens vetoriais, por serem matematicamente calculadas, guardam proporções no redirecionamento. Por isso, usam-se editores de imagens *bitmap*, também chamados de *raters*, para trabalhar sobre imagens de rastreio, como fotografias e pinturas, e editores vetoriais, e para fazer logomarcas, ícones, cartazes e outras ilustrações, que podem ser reduzidas e ampliadas sem perda de nitidez ou de proporção.

6.1.1 Edição de imagens *bitmap*

São inúmeros os programas para *desktop* de edição e tratamento de imagens; o Adobe Photoshop, porém, detém grande fatia do mercado. Já a opção livre mais conhecida é o GIMP.

O **Adobe Photoshop** (<https://www.adobe.com/br/products/photoshop.html>) é um dos programas mais famosos por apresentar muitas ferramentas automatizadas para tratamento de fotografias profissionais. É também conhecido como *PS*, sigla que compõe sua logomarca. Apresenta, normalmente, três colunas, sendo a da esquerda a barra de ferramentas; a central, a área do documento e de manipulação da imagem; e a da direita com caixas de diálogos (encaixe) para configuração de ferramentas e outras opções. É um programa com licença proprietária, demandando o pagamento de mensalidades. É possível, no entanto, baixar uma versão teste gratuita, que funciona por 7 dias. Ademais, apresenta inúmeros filtros e ferramentas de tratamento e transformação, como (Marinho, 2012):

- **Ferramentas de seleção**: servem para isolar áreas da imagem que se quer retirar ou retocar, sendo essenciais para o uso de outras ferramentas. Destaque para a seleção de objetos e de pessoas, recortando-as do fundo, com refinamento de detalhes, como os do cabelo.
- **Ferramentas de pintura**: aplicam cor e gradientes em fundos, bordas etc., com efeitos planos, pincel, caneta, *spray* etc. Destaque para o tratamento de cores de fotografias.

- **Ferramentas de medição:** incluem a ferramenta de conta-gotas, que seleciona e informa a cor de determinada região da imagem, e a régua, que ajuda na medição e no posicionamento dos objetos, podendo-se criar linhas-guia.
- **Ferramenta de texto:** insere texto à mão livre (caneta) ou com a ferramenta texto (texto horizontal ou vertical), com a qual se podem escolher tipo, estilo e tamanho das fontes.
- **Ferramenta de desenho:** cria formas personalizadas ou círculos, linhas, quadrados, retângulos e outros polígonos.
- **Ferramenta de corte:** seleciona e recorta partes da imagem.
- **Ferramentas de retoque:** destaque para a possibilidade de apagar parte da imagem (borracha), mostrando-se seu fundo; e de desfocá-la (desfoque) e preencher (carimbo) partes dela com uma porção previamente selecionada como padrão.
- **Ferramentas de navegação:** navega pela imagem, gira-a, dá zoom etc.

O **GIMP** (<https://www.gimp.org/>) é um *software* livre e gratuito, disponível para GNU/Linux, Microsoft e Mac OS. Por padrão, apresenta-se multijanela, com caixa de ferramentas, janela de trabalho e janelas de diálogo de encaixe em separado, apesar de poderem ser acopladas. Também apresenta várias ferramentas, máscaras e filtros para tratamento de imagens, como: desfocar, realçar, distorções, sombra e luz, detectar borda, combinar, artísticos, decoração, mapeamento, renderizar, web, animação, entre outros *scripts*. Logo, pode ser usado por amadores e profissionais.

Quanto aos **editores mobile de imagens**, é comum que os sistemas para *smartphone* contenham algum, o que, em virtude de sua praticidade, democratiza a edição de imagens, apresentando ao usuário um conjunto (de filtros e *templates*), apesar de limitado, bastante útil para retoque e transformações rápidas para uso cotidiano.

Uma importante técnica de trabalho em programas de edição de imagens é a manipulação de camadas. Dessa forma, cada camada contém um elemento: por exemplo, um fundo transparente, a imagem original, a imagem com partes removidas, a imagem com efeitos, textos etc. É possível, assim, fazer edições em uma camada sem interferir na outra. Cada camada pode estar ou não visível, compondo o resultado final a ser apresentado e salvo para futuras modificações. Por exemplo, na Figura 6.1, adiante, podemos ver uma imagem constituída por três camadas, sendo a camada de base uma imagem denominada *nairobi.png*.

A segunda camada em evidência é composta por uma caixa pintada de vermelho e que está com 50% de opacidade, deixando, assim, transparecer a camada inferior, servindo como um filtro em vermelho. Por fim, há uma camada de texto sobre as camadas anteriores. Note que a ordem das camadas altera o resultado de apresentação da imagem final. Todas as camadas estão visíveis (ícone de olho) no resultado.

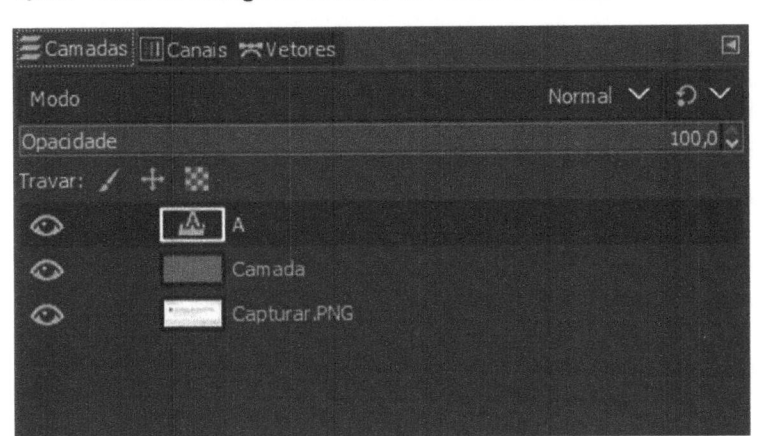

Figura 6.1 – **Caixa de diálogo de encaixe de camadas do GIMP**

Em qualquer que seja o programa, independentemente dos formatos de exportação (PNG, TIF, JPEG), lembre-se de salvar o projeto no formato nativo do programa para facilitar alterações futuras e manter as camadas editáveis. No Adobe Photoshop, o formato é o .psd e, no GIMP, é o .xcf.

6.1.2 Edição de imagens vetoriais

No trabalho com ilustrações vetoriais (Figura 6.2), é preciso desenvolver habilidades para lidar com curvas e nós, criando-se, assim, as mais diferentes formas.

Figura 6.2 – **Trabalhando com imagens vetoriais**

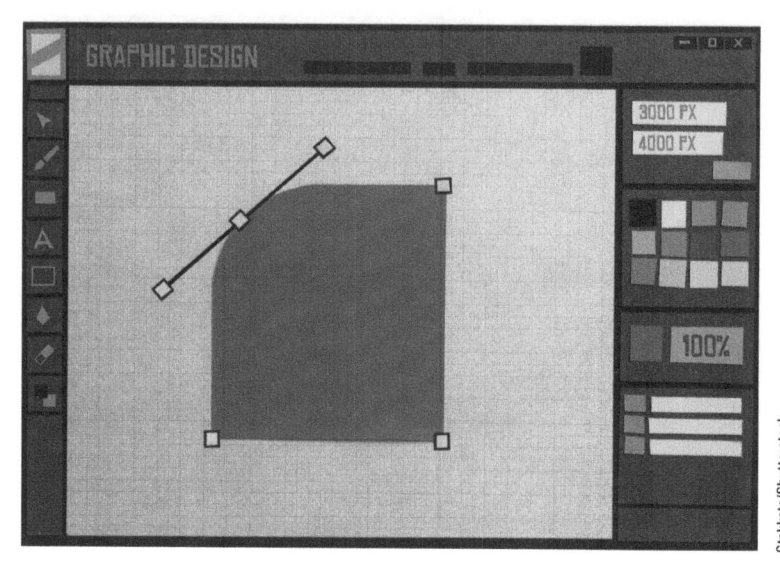

Stokkete/Shutterstock

Existem também diversos programas para criação de designs gráficos vetoriais, mas também é fato que alguns acabaram tornando-se os mais populares, dominando o mercado, quais sejam:

- **Adobe Illustrator**: é um dos *softwares* mais populares, sobretudo por fazer parte do pacote Adobe, integrando os aplicativos da Creative Cloud com o Photoshop, o InDesign, o XD e o After Effects. Também é conhecido como *AI*, sigla que compõe sua logomarca. Sua licença de uso é paga, podendo haver um período de avaliação de 7 dias. É, ainda, compatível com Microsoft Windows e Mac OS e pode ser acessado em: <https://www.adobe.com/br/products/illustrator.html>.

- **CorelDRAW**: indicado pela desenvolvedora para a criação de plantas baixas, sinalizações para grandes formatos, estampas para a indústria da moda, logomarcas, peças publicitárias e ilustrações em geral. Propõe o uso de diferentes ferramentas gráficas em um único aplicativo (CorelDRAW Graphics Suite – edição vetorial de fotografias, fontes e de recursos 3D). Integra-se com outros aplicativos, fornece recursos para design e muitos efeitos. Sua licença de uso é paga, podendo haver um período de avaliação de 15 dias, sendo compatível com Microsoft Windows e Mac OS. Pode ser acessado em: <https://www.coreldraw.com/>.
- **Inkscape**: *software* livre e gratuito para criação de designs vetoriais, que pode ser instalado em plataformas como GNU/Linux, Mac OS e Microsoft Windows. Engloba ferramentas de desenho à mão livre; de formas, texto e incorporação de *bitmap*; de manipulação, incluindo transformação, redução e aumento, agrupamento, alinhamento e edição de camadas, operações sobre caminhos e nós; e de renderização. Pode ser acessado em: <https://inkscape.org>.

Cada programa de edição vetorial costuma trabalhar com seu próprio formato de arquivo nativo. Contudo, o Inkscape tem a política de trabalhar nativamente com o SVG, que é o padrão de arquivo vetorial recomendado pelo World Wide Web Consortium (W3C). Já o formato do Adobe Illustrator é o .ai; e o do CorelDRAW é o ".cdr". Existe ainda o .eps (PostScript), muito utilizado para impressão. A Figura 6.3 lista os formatos dos arquivos gráficos, sendo PSD e TIF do tipo *raster*, e AI, EPS, CDR e FLV (Flash) do tipo vetorial.

Figura 6.3 – **Formatos de arquivos gráficos**

Alexey Belonogov/Shutterstock

Uma das particularidades desse tipo de programa é a possibilidade de vetorizar imagens *bitmaps*. Assim, é possível vetorizar uma logo da qual já não se têm mais os vetores originais ou mesmo vetorizar imagens desenhadas à mão ou em programas de tratamento de fotografias.

6.1.3 **Tamanhos e formatos para criação de *banners* e outras peças publicitárias**

Umas das atividades atribuídas ao webdesigner é a criação, além dos sites em si, de peças para a web, principalmente as destinadas ao conteúdo de sites e redes sociais e à publicidade, como *banners* e *cards*. Nesse sentido, devemos ter em mente que cada plataforma de publicidade ou de rede social tem seu próprio sistema de tamanhos de publicações, tal como na Figura 6.4.

Figura 6.4 – **Templates para confecção de banners em variados tamanhos**

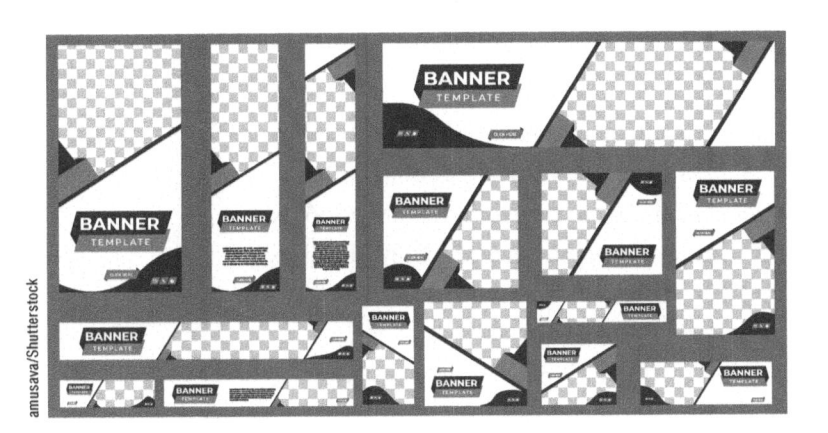

amusava/Shutterstock

Para anunciar nas redes de anunciantes, o Google (2021) indica os seguintes tamanhos mais comuns:

- para dispositivos móveis: 300×250; 320×50; 320×100; 250×250; 200×200 (medidas em px);
- para computadores: 300×250; 336×280; 728×90; 300×600; 160×600; 970×90; 468×60; 250×250; 200×200 (medidas em px).

Com relação às redes sociais, é preciso atentar para o fato de que cada plataforma assume peças de tamanho e funções diferentes. Veja a seguir uma lista com as principais redes sociais (Guia…, 2021):

- Facebook:
  › Perfil pessoal, de páginas e grupos: 180×180 px.
  › Capa do perfil pessoal: 851×310 px.
  › Capa de página: 820×312 px.
  › Capa de evento: 500×262 px.
  › Capa de grupos: 820×428 px.
- Instagram:
  › Perfil pessoal: 150×150 px.
  › *Feed* (imagem quadrada): 1080×1080 px.
  › *Feed* (imagem vertical): 1080×1350 px.
  › *Feed* (imagem horizontal): 1080×566 px.
  › *Stories* (imagem vertical): 1080×1920 px.
- LinkedIn:
  › Perfil pessoal: 400×400 px.
  › Capa do perfil pessoal: 1584×396 px.
  › Perfil corporativo: 130×130 px.
  › Capa do perfil corporativo: 1584×396 px.
  › *Post* com imagem: 520×320 px.
  › *Post* com *link*: 520×272 px.
  › Fotos da empresa: 900×600 px.

Outras redes também apresentam formatos e medidas padrões, incluindo para vídeos e outras mídias, como é o caso do Pinterest, Snapchat, Spotify, Twitter, YouTube e WhatsApp.

6.1.4 Ferramentas *on-line* de criação de *banners*

Muitas ferramentas *on-line* fornecem serviços para facilitar a criação de designs, o que pode favorecer tanto designers amadores quanto profissionais. Vejamos algumas das opções disponíveis na web:

- **Canva**: ferramenta *on-line* (também disponível na versão *mobile*) que ajuda na criação de peças digitais para os mais diversos formatos, disponibilizando *layouts* com temas (*templates*) prontos e que podem ser usados e editados pelos usuários. São inúmeros formatos para redes sociais, apresentação de *slides*, logotipo, infográficos, cartão de visitas, currículos, panfletos etc. A ferramenta funciona segundo o modelo *freemiun*, permitindo cadastros gratuitos (*free*), com recursos limitados, e assinaturas pagas (*premium*), bem como disponibilização de mais funcionalidades, *templates* e imagens.
  › Exporta e compartilha em formatos de arquivos: JPG, PNG, PDF, GIF, MP4.
  › Pode ser acessada em <https://www.canva.com/>.
- **Bannersnack**: ferramenta *on-line* para a criação de *banners*, com funcionalidades e *templates* gratuitos e outros *premium*, como a de criação automática de *banners* com diferentes tamanhos com base em um *banner* padrão, bem como a de criação de *banners* animados em HTML5 e *banners* responsivos (em escala adaptável ao tamanho da tela do usuário).
  › Exporta e compartilha em formatos de arquivos: JPG, PNG, HTML5, GIF, AMPHTML ou PDF.
  › Pode ser acessada em <https://www.bannersnack.com/br/>.

Ambas as ferramentas auxiliam o usuário a criar peças gráficas digitais para os mais diferentes formatos e definições (web e impressão) a depender do tipo de assinatura; contudo, mesmo na versão gratuita, há muitas possibilidades para a criação.

Além das ferramentas *on-line* para a confecção de *banners*, há os repositórios de imagens, que também fornecem imagens vetoriais; é o caso do **Shutterstock**, que ainda tem um filtro para busca desse tipo de trabalho.

6.1.5 Criação de paletas de cores

Como destacamos no Capítulo 3, para a criação de design, é primordial a escolha correta da paleta de cores, obtendo-se, com isso, um esquema de cores harmônico e que pode ter cores principais e complementares.

Figura 6.5 – **Círculo de cores**

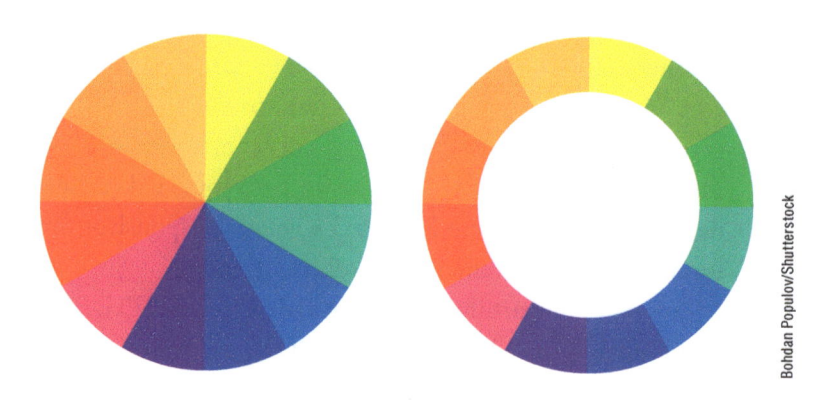

Bohdan Populov/Shutterstock

Na elaboração de peças gráficas, conta-se com a ajuda de ferramentas para a criação de paletas de cores, tais como:

- **Adobe Color**: a ferramenta permite explorar paletas prontas e criar com base em um círculo ou disco de cores, sendo possível usar diferentes esquemas ou regras de harmonia de cores. Também tem uma funcionalidade de análise de cores conflitantes, visando à geração de paletas acessíveis, principalmente para pessoas daltônicas. Pode ser acessada em <https://color.adobe.com/pt/create/color-wheel>.
- **Coolors**: a ferramenta *on-line* apresenta cores aleatórias até que o usuário goste e selecione alguma, travando-a (ícone de cadeado). A partir disso, com o uso da barra de espaço, novas cores são oferecidas com base no que já foi escolhido antes. A partir da paleta escolhida, ainda é possível criar um gradiente e novas paletas ajustando matiz, brilho, saturação e temperatura. Fornece um ótimo tutorial para os iniciantes, mas em inglês, e pode ser acessada em: <https://coolors.co/>.

Outra possibilidade é a criação de paletas de cores com base em uma imagem, quando esta for um elemento importante do design e deva estar em harmonia com os demais elementos, aplicando-se, assim, o princípio da repetição do projeto criado.

- **Adobe Color**: a ferramenta também é capaz de extrair automaticamente gradientes e paletas provenientes das cores proeminentes de imagens carregadas no site.
- **Coolors**: essa ferramenta, já mencionada antes, também possibilita o carregamento (*upload*) de uma imagem, da qual será extraída uma paleta, que pode ser ajustada.

- **Huesnap:** nesse site (<https://www.huesnap.com/snap>), é possível fazer um *upload* de uma imagem e escolher as áreas das quais se quer coletar as cores manualmente.
- **Degraeve Color Palette:** essa é uma ferramenta simples e que tem como diferencial permitir criar paletas a partir do URL de uma imagem da internet, sem a necessidade de fazer *upload*. Contudo, ela gera apenas duas paletas, que não podem ser alteradas. Pode ser acessada em <https://www.degraeve.com/color-palette/>.

FIQUE ATENTO!

Pode ser que você precise apenas escolher ou saber o nome (em inglês) de determinada cor, bem como seus códigos RGB e hexadecimal. Nesse caso, experimente:

- **0to255:** ferramenta que chama atenção pela interface em forma de mosaico de cores, na qual é possível selecionar uma cor para saber seu código e sua posição em uma paleta monocromática, indo da mais clara à mais escura.

    OTO255. Disponível em: <https://www.0to255.com/>. Acesso em: 28 jan. 2021.

- **Tabela de cores da Flextool**: uma tabela simples para visualização de cores, seus nomes e seus códigos RGB (para Java) e hexadecimal (para HTML).

    FLEXTOOL. **Tabela de cores**. Disponível em: <https://www.flextool.com.br/tabela_cores.html>. Acesso em: 28 jan. 2021.

Todas essas ferramentas podem ser usadas sem cadastro, mas algumas exigem a criação de contas para que o usuário tenha acesso a certas funcionalidades, como a de salvar as paletas criadas.

6.2 Ferramentas para publicação de *banners* em sites e redes sociais

Entre os sistemas de publicidade *on-line* ou redes de anúncio, podemos citar a da empresa Google, o **Google AdSense**, que é uma ferramenta *on-line* e gratuita de **monetização de sites** por meio de publicidade. Com uma conta Google e a adição de um código no site, é possível vinculá-lo a tal ferramenta, indicando sua categoria. Assim, a ferramenta apresentará *banners* no site editor, que poderá ser remunerado a depender da visitação mensal obtida e do valor pago pelos anunciantes em um sistema de leilão, por intermédio da ferramenta Google Ads. O proprietário do site editor deve fazer as configurações no Google AdSense, indicando a categoria do site e os locais para a aplicação dos anúncios. Ele também deve ter seu site avaliado quanto ao atendimento das exigências da plataforma para começar a receber pela publicidade.

Já com o **Google Ads**, outra ferramenta *on-line*, é possível criar **campanhas publicitárias** publicando os *banners* e outros anúncios produzidos segundo o objetivo da campanha e o planejado em termos de categoria do site editor, além de seu público-alvo, sua região, seu alcance, sua frequência, seus horários etc. O cadastro e a utilização da ferramenta em si são gratuitos; contudo, as campanhas são pagas, devendo ser indicado o valor a ser investido e o que se pretende pagar por cada *click* de usuários nos *banners*.

Com o Google Ads, é possível veicular anúncios gráficos para serem apresentados na rede de anúncios em sites parceiros cadastrados via Google Adsense, na rede de aplicativos, no Youtube, além de palavras-chave nas páginas de resultado da Pesquisa Google e no Google Maps.

A Figura 6.6 apresenta as ferramentas Google úteis para proprietários de sites: AdSenses, para monetização de sites com publicidade; Ads, anteriormente chamado de *AdWords*, para criação de campanhas publicitárias *on-line*; Analytics, para medição de tráfego e audiência de sites; e My Business, em português, conhecido como *Google Meu Negócio*, para presença *on-line* em buscas por palavras-chave e no mapa.

Figura 6.6 – **Ferramentas Google voltadas para sites**

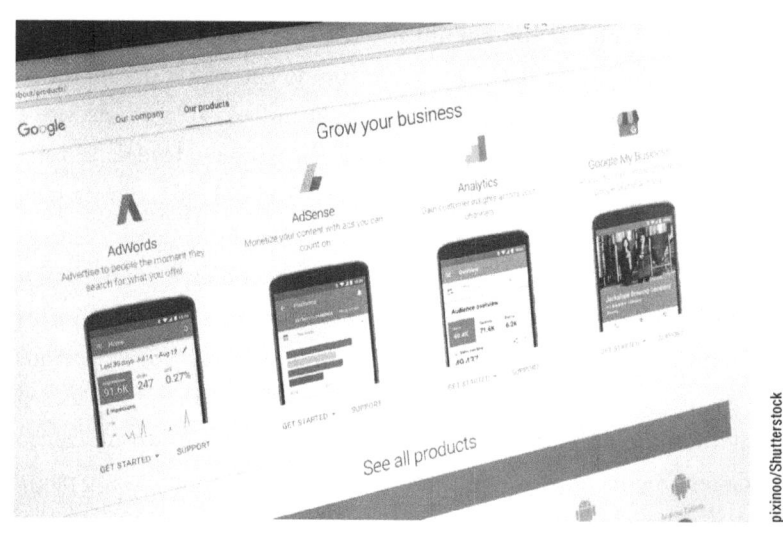

As plataformas têm formas de otimizar os tamanhos dos anúncios, mas é importante conhecer as dimensões padrões para melhorar a eficácia das campanhas e a apresentação no site editor.

Cada plataforma de rede social tem seu próprio sistema de monetização e publicação de anúncios, e as exigências de cada uma devem ser conferidas para a criação das peças.

6.3 Ferramentas para UX design: *wireframes* e prototipação

Como vimos no Capítulo 5, os produtos entregáveis do UX design são importantes para comunicação da equipe de desenvolvimento do projeto e para o planejamento e a realização de testes com o usuário. Conheça, a seguir, alguns *softwares* que ajudam na criação de *wireframes* e de protótipos:

- **Pencil Project**: ferramenta *desktop open source* para criação de fluxogramas, *wireframes* e protótipos não interativos; permite a interligação de páginas e a importação de recursos. Está disponível para várias plataformas e pode ser acessada em <https://pencil.evolus.vn/>.
- **Figma**: poderosa ferramenta de prototipação *on-line*, permite o trabalho coletivo. Cria protótipos interativos acessados via *link* compartilhável, trabalha com bibliotecas de elementos gráficos e interativos e funciona no modelo *freemium*. Pode ser acessada em <https://www.figma.com>.

- **Adobe UX**: ferramenta *desktop* paga com versão *mobile* para suporte à experiência do usuário, compatível com os sistemas operacionais Windows, Mac OS, Android e IOS. Cria protótipos interativos, permite o trabalho em equipe e pode ter suas funcionalidades incrementadas com *plug-ins*. É possível conferi-la em <https://www.adobe.com/br/products/xd.html>.

A criação de interfaces por meio do uso de ferramentas de prototipação tem suas vantagens quando comparada com o emprego de ferramentas gráficas, como Illustrator ou Inkscape, pois as primeiras são preparadas para facilitar a construção do *layout*, evitando o retrabalho.

6.4 Ferramentas e serviços para publicação de sites

É muito importante que o webdesigner também tenha conhecimentos relativos a domínios e hospedagens de site, para quando precisar fornecer um serviço completo ao cliente.

6.4.1 Registro do domínio do site

Um dos primeiros passos para a publicação de sites é criar o **nome do domínio do site** de forma estratégica. Portanto, é preciso ponderar os seguintes aspectos:

- Legibilidade: não usar acentos ou cedilha e obter um resultado com boa sonoridade.

- Tamanho ou comprimento: o domínio não deve ser muito longo e deve possibilitar a rápida memorização e digitação para o caso da informação oral do nome do site.
- *Branding*: o nome deve estar de acordo com a marca do cliente, integrando, de forma harmoniosa, toda a comunicação e usando, se possível, palavras-chave ligadas ao negócio, atividade, produto ou pessoa.
- Concorrência: o nome do site deve ser tal que não seja confundido com o nome de outros concorrentes, o que poderia até resultar em processos judiciais, principalmente em caso de marcas registradas.
- Disponibilidade: infelizmente, é importante ter algumas opções, pois nem sempre o primeiro nome escolhido está disponível para registro.

Além dessas dicas, é necessário seguir as regras sintáticas indicadas pelo site Registro.br (NIC.br, 2021b):

- Tamanho mínimo de 2 e máximo de 26 caracteres, não incluindo a categoria. Por exemplo: no domínio xxxx.com.br, esta limitação se refere ao xxxx;
- Caracteres válidos são letras de "a" a "z", números de "0" a "9", o hífen, e os seguintes caracteres acentuados: à, á, â, ã, é, ê, í, ó, ô, õ, ú, ü, ç
- Não conter somente números;
- Não iniciar ou terminar por hífen.

O próximo passo é escolher a extensão ou a categoria do domínio do site, que, para o caso do domínio .br, deve ser feito no site oficial Registro.br, que é mantido pelo Núcleo de Informação e Coordenação do Ponto BR (NIC.br). Existem várias categorias de domínios fornecidos sob o .br. Observe alguns exemplos no Quadro 6.1.

Quadro 6.1 – **Categorias de domínio .br**

Categoria	Domínios	Descrição
Genéricos	.com.br	Atividades comerciais
	.net.br	Atividades comerciais
	.ong.br	Atividades não governamentais individuais ou associativas
Pessoas físicas	.blog.br	Web *logs*
	.vlog.br	Vídeo *logs*
Pessoas jurídicas – sem restrição	.ind.br	Indústrias
	.inf.br	Meios de informação, como rádios, jornais, bibliotecas etc.
	.tur.br	Empresas da área de turismo
	.tv.br	Empresas de radiodifusão ou transmissão via internet de sons e imagens.
Pessoas jurídicas – com restrição	.coop.br	Cooperativas
	.gov.br	Instituições do governo federal
	.org.br	Instituições não governamentais sem fins lucrativos
Universidades	.edu.br	
Profissionais liberais	.adm.br	Administradores
	.cnt.br	Contadores
	.des.br	Designers e desenhistas
	.eng.br	Engenheiros
	.fot.br	Fotógrafos
Cidades	.manaus.br .rio.br .salvador.br .sampa.br .poa.br	

Fonte: Elaborado com base em NIC.br, 2021c.

A escolha das categorias de domínio também precisa ser estratégica:

- Deve estar de acordo com o tipo de negócio ou projeto do site.
- Podem ser escolhidas opções alternativas, a fim de se manter o domínio sobre o registro, evitando que terceiros se aproveitem de seu nome já reconhecido pelo público, registrando-o sob outras extensões. Por exemplo, a depender do orçamento que se tem, podem ser registradas as opções nomedoprofissional.com.br, nomedoprofissional.com, nomedoprofissional.adv.br, para o caso de um site de advogados.
- Apesar de se registrarem alternativas, é preciso eleger um domínio para ser o principal e divulgado em comunicações e publicidades.
- Deve-se cuidar com os prazos para evitar o congelamento e a perda do domínio para terceiros, o que pode desviar a audiência para sites concorrentes. Afinal, quando não se paga um domínio até seu vencimento, ele fica em um período de congelamento até ser disponibilizado para outros clientes. Antes disso, o sistema manda lembretes por e-mail, o que permite acompanhar cada domínio de que se é proprietário.

PRESTE ATENÇÃO!

Quer saber quantos domínios já foram registrados no Registro.br ou quais as categorias de domínios mais populares? Veja as estatísticas em:

NIC.BR – Núcleo de Informação e Coordenação do Ponto BR. Estatísticas. **Registro.br**. Disponível em: <https://registro.br/dominio/estatisticas/>. Acesso em: 28 jan. 2021.

Uma vez escolhido o nome do domínio do site e conhecidas as categorias dos domínios, então, é possível registrá-lo:

- acesse o site Registro.br em <https://registro.br/>;
- faça a pesquisa pelos nomes de domínio pretendidos, incluindo a categoria, e verifique sua disponibilidade;
- caso esteja disponível, o próprio site oferecerá nomes alternativos, mas os escolha segundo seu planejamento;
- faça cadastro no site, será preciso indicar o número do Cadastro de Pessoas Físicas (CPF) ou do Cadastro Nacional de Pessoal Jurídica (CNPJ) e o endereço de residência;
- guarde seu *login* e sua senha para os próximos acessos;
- realize o pagamento para efetivar o registro. Os contratos são de no mínimo 1 ano, podendo ser de até 10 anos;
- após o registro, em seu painel, aparecerá uma lista com os domínios sob sua propriedade;
- clique sobre o domínio para ver mais detalhes[1], como dados dos titulares, contatos, DNS e provedor;
- em DNS, será necessário adicionar as informações cedidas pelo provedor em "alterar servidores DNS" para que o domínio aponte para o site no servidor em que estiver hospedado.

Essa é a forma de registro de domínios brasileiros, que é a mais indicada para pessoas e negócios do país. Contudo, é possível

---

1 Perceba que os contatos são classificados como administrativos, técnicos e de cobrança, e que podem ser alterados de forma que, por exemplo, uma empresa administre e cuide do domínio tecnicamente e que o próprio cliente fique responsável pelos pagamentos.

registrar domínios de outros países[2] ou mesmo domínios genéricos. Veja alguns exemplos:

- Domínios genéricos: .com, .me, .club, .biz, .vip, .co, .pro, .xyz, .online, .life, .today, .shop, .store, .solutions, .world, .live, .net, .org, .io, .art, .online, .app, .page, .tech, .eu, .info, .fit, .network, .support, .design, .space, .host, .app, .center, entre outros.
- Domínios de países: África do Sul – .co .za; Brasil – com.br; Canadá – .ca; Coréia do Sul – .kr; Costa Rica – .co. cr; Dinamarca – .dk; Espanha – .es, entre outros.

PRESTE ATENÇÃO!

Conheça algumas empresas que podem fornecer opções de extensão de domínios genéricos internacionais e de outros países:

- **GoDaddy**: <https://www.godaddy.com>.
- **Gandi**: <https://shop.gandi.net>.
- **Marcaria**: <https://www.marcaria.com>.

Alguns domínios podem ser registrados por meio de serviços de hospedagem (provedores de serviço), que facilitam esse processo, cobrando uma taxa por ele ou fornecendo-o como brinde por um ano após contratação do serviço de hospedagem. Em alguns casos, pode ser interessante manter os dois serviços associados e ter de lidar com menos fornecedores e com menos questões técnicas.

---

[2] Em alguns casos, é necessário ter documentação que comprove que o solicitante é cidadão, empresa, instituição ou entidade educacional do país em questão.

Uma vez registrado um domínio, podem ser criados subdomínios, para especificar páginas ou partes importantes de um site, o que pode ser uma alternativa à criação de novos sites temporários ou menores. Assim, dentro do domínio nomedoprofissional.com.br, podem ser criados nomedoevento.nomedoprofissional.com.br ou processos.nomedoprofissional.com.br, por exemplo.

6.4.2 Serviços para hospedagem de sites

Uma vez que já se tem o nome para o site, é importante contratar um serviço para hospedar os arquivos, ao passo que é preciso fazer a comunicação do site aos múltiplos usuários.

Os provedores de serviço de hospedagem também fornecem o serviço de intermediar o registro do domínio do site ante as autoridades. Inclusive, muitos serviços, como forma de se tornarem mais competitivos, já fornecem, com o serviço de hospedagem, um ano de domínio grátis. O profissional deve levar em consideração, de um lado, o impacto no orçamento e, do outro, a autonomia de ter sob sua propriedade o domínio do site.

A primeira classe de serviços apresentados aqui se refere a empresas que fornecem, entre outros, os serviços de hospedar sites por meio das seguintes formas:

- Hospedagem (**dedicada ou compartilhada**) de sites e sistemas criados pelo desenvolvedor e/ou webdesigner do site.
- **Hospedagem de sites** criados a partir de sistemas gerenciadores de conteúdo web (CMS), o que requer sua instalação e a configuração de bancos de dados. É indicada para sites mais

dinâmicos e complexos. Para quem precisa, por exemplo, criar ou migrar um site em WordPress.
- Hospedagem de sites criados por meio de um sistema **criador de sites**, é indicada para usuários leigos e para sites menos complexos. Costuma ser a opção mais barata e fácil de gerenciar.

Alguns dos serviços mais populares do momento, no mercado nacional, são:

- Hostgator: <https://www.hostgator.com.br>.
- Locaweb: <https://www.locaweb.com.br/>.
- Kinghost: <https://king.host>.
- UOL Host: <https://uolhost.uol.com.br/>.
- DreamHost: <https://www.dreamhost.com/>.

Há, no mercado, algumas opções de hospedagens gratuitas de um site codificado pelo usuário. Vejamos algumas delas:

- **000webhosy** (<https://br.000webhost.com/>): permite produzir sites com o criador Zyro, com a instalação do WordPress ou fazendo-se *upload* dos códigos do site ou aplicativo web feito pelo usuário.
- **Netfly** (<https://app.netlify.com>): permite a hospedagem de sites, arrastando-se a pasta com os códigos do site e a partir da conta no GitHub.

Para a escolha de qual serviço contratar, é necessário analisar o custo-benefício, o que inclui as características técnicas e outros serviços associados, como:

- espaço disponível;
- quantidade de sites que se pode hospedar;
- quantidade de bancos de dados que se pode criar;
- quantidade de *e-mails* disponibilizados;
- limite de dados para transferência;
- tipo de painel de controle e configuração;
- quantidade de páginas por site;
- disponibilidade de sistema de *e-commerce* e quantidade de produtos na loja virtual;
- segurança: certificado SSL (https);
- tipo de acesso e quantidades de contas de acesso (SSH e FPT);
- informações técnicas dos servidores e infraestrutura, como sistema operacional, processador, memória RAM e armazenamento;
- informações técnicas sobre os *softwares* aceitos: linguagens de programação, bancos de dados e tipos de acesso;
- outros requisitos a depender do projeto em questão.

Uma vez contratado o serviço e o tipo de hospedagem, é importante guardar com cuidado os *e-mails* com os dados de acesso, com o *link* para o painel de controle, acesso via FTP (se for o caso), informações sobre o banco de dados (se for o caso), entre outros dados. Uma informação importante refere-se aos **dados do servidor DNS**, pois serão fornecidos dois ou três endereços, que devem ser copiados e registrados no domínio registrado no painel do Registro.br ou do serviço usado.

Antes de escolher, é importante conhecer alguns serviços, como os apresentados a seguir.

6.4.3 Serviços para criação e publicação de sites

Vamos entender melhor os já mencionados criadores de sites, CMS, FTP e, por fim, conheceremos mais opções para a criação de sites em serviços gratuitos ou *freemium*.

Criadores de sites

São ferramentas gráficas voltadas para a praticidade e a rapidez na criação de projetos. Veja algumas características desse serviço (foco principal de empresas, como é o caso da Wix, ou de provedoras de hospedagem, como o Hostgator):

- criação gráfica de sites, sem a necessidade de conhecimento de linguagens de código;
- criação de sites a partir de *templates* prontos e que podem ser personalizados com imagens, cores, entre outras formatações e conteúdos;
- contratos, normalmente limitados a um site, com quantidade de páginas limitadas e pouco espaço.

Vejamos agora algumas alternativas de serviços no modelo *freemium*, ou seja, que disponibilizam parte do serviço de forma gratuita, podendo haver contratação de funcionalidades mais avançadas.

- **Google Sites**: criador de sites gratuitos e com suporte a domínio proprietário. Fornece *templates* personalizados, possibilidade de edição em equipe, associação com a conta Google e outros serviços do Google. Pode ser acessado em <https://sites.google.com>.

- **Wordpress.com**: criador de sites ou plataforma de criação e de hospedagem de sites gratuitos com a plataforma WordPress, sem que seja necessário baixar e instalar o *software* em algum servidor contratado. Os sites são criados com domínio padrão "nomedadopelousuario.wordpress.com" e com limitação de espaço e funcionalidades. Estão disponíveis alguns *templates* para o design, que podem, em certa medida, ser personalizados, além de *plug-ins* que aumentam a potencialidade do site. É indicado para sites de conteúdo dinâmico. Contratando-se alguns pacotes pagos, podem ser incluídos domínio personalizado e mais funcionalidades. Com um mesmo login, é possível criar ou ser convidado a ser colaborador em vários sites. Essa plataforma pode ser acessada em <http://wordpress.com/>.
- **Wix**: um dos serviços mais populares da atualidade em termos de criação de sites, pois possibilita produzi-los a partir de *templates*, podendo ser esse site algo mais simples ou até mesmo um *e-commerce*. Usa a técnica de arrastar e soltar para a criação de sites com diferentes recursos sem a necessidade de contato com o código. A plataforma possibilita a criação de sites gratuitos com domínio padrão (.wix.com), mas com algumas limitações. Contudo, com a aquisição de alguns pacotes pagos, podem ser incluídos domínio próprio (com e sem adição de publicidade no site), mais funcionalidades e suporte. A plataforma pode ser acessada em: <https://pt.wix.com/>.
- **Weebly**: criador de site com interface gráfica do tipo arrastar e soltar a partir de modelos prontos. Há opções para conteúdo de texto e imagens, Google Maps, postagens de Instagram, conteúdo destacado, formulário de contato, cabeçalho, *banner*

de destaque e rodapé, além de algumas opções limitadas de personalização do *layout* com cores, imagens e logo. A assinatura pode ser incrementada caso o cliente precise conectar um domínio próprio de uma loja virtual, de uma ferramenta de *e-mail marketing* ou de suporte técnico. Contudo, a interface está em inglês. Pode ser acessado em <https://www.weebly.com>.

Alguns desses serviços oferecem uma ferramenta de simulação do site, para que se saiba sua aparência final antes da publicação, o que pode ser em formato *desktop*, *tablet* e celular.

Seguindo a característica dos domínios de poder gerar subdomínios, alguns serviços de hospedagem gratuita fornecem domínios padrões gratuitos, como ".wix.com". São interessantes para o caso de alguns projetos e dependem do orçamento de cada um. Contudo, para marcas comerciais e competitivas, o recomendado é o uso de domínios próprios.

Os criadores de sites são, em parte, responsáveis pela popularização e democratização da criação de sites para pessoas e negócios que necessitam de presença *on-line* e, até mesmo, de organizações que precisam de um sistema de *e-commerce*.

Sistemas de gerenciamento de conteúdo (CMS)

São sistemas que podem ser instalados em servidores de hospedagem para a criação e o gerenciamento de conteúdos de um site. São indicados para sites dinâmicos, ou seja, para sites e *blogs* com atualização constante e que precisam de muitas funcionalidades.

Existem muitas funcionalidades que são, comumente, fornecidas pelos CMS. Veja, a seguir, algumas características do WordPress:

- Criação e gerenciamento de usuários para acesso personalizado e criação coletiva de conteúdos, sendo cada artigo assinado por um autor.
- Diferentes níveis de permissão para os usuários, que podem ser: visitantes, colaborador (cria, mas não publica), autores (cria e publica), editor (cria, publica e edita o conteúdo dos demais autores) e administrador (tem todas as permissões do site, podendo criar novos usuários).
- Criação de artigos e classificação por meio de *tags* e categorias, além da criação de páginas (conteúdo mais estático).
- Gerenciamento do banco de dados, que só precisa ser criado e associado ao CMS.
- Galeria de imagens e demais recursos, que ficam disponíveis para reutilização.
- Versionamento, ou seja, as edições dos artigos ficam registradas, podendo ser restauradas em caso de necessidade.
- Instalação de *plug-ins* que estendem as funcionalidades do sistema.
- Instalação de temas prontos para o design do site.

Agora, conheça os principais CMS disponíveis no mercado.

- Wordpress: <https://wordpress.org/>.
- Joomla: <https://www.joomla.org/>.
- Drupal: <https://www.drupal.org/>.

Todos são *softwares* livres ou *open source*, que podem ser baixados, instalados e modificados a depender do nível de conhecimento do desenvolvedor e da necessidade do projeto. Normalmente, os provedores de hospedagem fornecem painéis de controle com instaladores práticos de algum desses CMS.

Ferramentas e serviços para transferência de arquivos de sites

FTP significa *file transfer protocol*, ou seja, protocolo de transferência de arquivos, servindo para a troca de arquivos entre uma máquina local e o servidor contratado para a hospedagem do site, por exemplo.

O nome do programa que ajuda o usuário a se conectar com um servidor via FTP é o chamado *cliente FTP*. Nele, devem ser informados o endereço do servidor que se quer acessar, o usuário (*login*) e a senha, além da porta de envio de comandos, que costuma ser a 21. Conheça um desses programas:

- **FileZilla**: é um programa *open source* e gratuito para *desktop*, disponível para sistemas operacionais GNU/Linux, Microsoft Windows e Mac OS. Tem uma interface intuitiva, apresentando o formulário com os dados da conexão, dos arquivos locais (à esquerda) e dos arquivos do servidor web (à direita), além do registro das transferências abaixo. Pode ser acessado em: <https://sourceforge.net/projects/filezilla/>.

Também é possível configurar no servidor para que determinada pasta tenha a permissão de poder ser acessada de forma anônima. Trata-se de uma forma de prover arquivos para que os usuários façam *download* sem a necessidade de autenticação via *login* e senha.

Como alternativas, alguns provedores fornecem uma interface para gerenciamento de arquivos, com a qual podem ser realizadas operações sobre arquivos hospedados, como baixar, carregar, adicionar, remover, copiar e renomear. Essa é, assim, uma alternativa para a realização de transferências entre a máquina local e a servidora.

MÃOS À OBRA

Vamos publicar um site criado com o conhecimento adquirido ao longo desta obra? Siga as instruções:

- Crie um código HTML+CSS baseado nos apresentados nos Capítulos 2 e 4 e gere um arquivo .html e/ou um arquivo .css.
- Monte uma pasta com os códigos e outros recursos usados, como imagens.
- Crie uma conta nos sites 000webhosy ou Netfly.
- Arraste a pasta com o projeto para a conta criada no servidor escolhido.
- Publique e visualize seu site.

As ferramentas *on-line* são versáteis e podem ser tanto uma alternativa para amadores quanto para profissionais que precisam de acesso a programas dos quais não têm licenças ou que se encontram longe de suas estações de trabalho. Outro ponto positivo desses recursos é que alguns promovem o trabalho em equipe sobre o mesmo produto.

Considerações
finais

Como vimos, a web tem sido uma das principais mídias usadas pela sociedade para fins comerciais e não comerciais. Manter-se conectado e navegar pela internet requisitou muitos avanços, que contemplaram não apenas aspectos técnicos, mas também humanos. Da era da criação de sites empresariais para demarcar a presença *on-line*, passando pelo *e-commerce*, até o surgimento das redes sociais e outras expressões típicas da internet, muitos conceitos foram desenvolvidos e transformados em técnicas, e vice-versa.

Para que toda essa expansão fosse possível, foi necessário amplo investimento em criação de padrões, tecnologias e tendências de design que oferecessem melhor experiência ao usuário. Nesse sentido, a padronização, como explicamos, é fundamental para que a web seja explorada de forma universal e acessível a todas as pessoas e organizações, a fim de que, assim, fomentem a criatividade e a inovação, bem como promovam o melhor conteúdo e a mais agradável experiência.

No decorrer dos capítulos, mostramos que o processo de criação de um site perpassa diversas etapas: *briefing*, planejamento, criação, prototipação, codificação, validação, publicação e manutenção. Cada uma delas requer uma gama de conhecimentos e habilidades, que podem advir de diferentes áreas do conhecimento humano, como design, psicologia, comunicação e *marketing*.

Durante esse processo, várias questões devem direcionar o trabalho do webdesigner, como as atuais tendências de design, a usabilidade, a comunicabilidade, a arquitetura da informação, o design de interface e de interação, os testes com usuários, a mobilidade e a responsividade, a propriedade intelectual e a acessibilidade.

Diante de tantas questões, requisitos e avanços tecnológicos, cabe a esse profissional apropriar-se dos mais diversos aspectos concernentes à web (tecnologias, ferramentas e tendências), para produzir o melhor para seus clientes e os usuários finais de suas peças e seus sites. Ademais, ele deve adaptar-se às mudanças do mercado, enfrentar as inovações e apresentar-se como essencial nesse cenário, valorizando seu trabalho. Para tanto, como reiteramos nesta obra, deve realizar pesquisas constantes, buscar fontes de inspiração, explorar toda a potencialidade das tecnologias para a internet, além de entender os fenômenos sociais que se desenrolam nesse espaço digital.

Com conhecimento e talento, uma web mais social e mais bonita abre-se em possibilidades e novos desafios. Aproveite!

Referências

ABNT – Associação Brasileira de Normas Técnicas. **NBR ISO/ IEC 9126-1**: engenharia de software – qualidade de produto – parte 1 – modelo de qualidade. Rio de Janeiro, 2003.

ABNT – Associação Brasileira de Normas Técnicas. **NBR ISO/ IEC 9241-11**: requisitos ergonômicos para o trabalho com dispositivos de interação visual – parte 11 – orientações sobre usabilidade. Rio de Janeiro, 2011.

AGNI, E. UX e UI Design. **Instituto TIM**. Disponível em: <https://cursos.timtec.com.br/course/ux-e-ui-design/intro>. Acesso em: 28 jan. 2021.

AMERICOMMERCE. **Infographic**: the History of Web Design. 6 Feb. 2020. Disponível em: <https://www.americommerce.com/blog/The-History-of-Web-Design-Infographic>. Acesso em: 28 jan. 2021.

ARTY, D. **Manual de web design responsivo**: projete para todos os dispositivos. São Paulo: Chief of Design, 2015. Disponível em: <http://www.farinaparkhotel.com.br/upload/site/pagina/manual-de-web-design-responsivo-2016-11-18_05-03-20.pdf>. Acesso em: 28 jan. 2021.

ASPI – Associação Paulista de Propriedade Intelectual. **Propriedade intelectual**. Disponível em: <http://aspi.org.br/propriedade-intelectual/>. Acesso em: 28 jan. 2021.

BARBOSA, S. D. J.; SILVA, B. S. da. **Interação humano-computador**. Rio de Janeiro: Elsevier, 2010. (Série SBC, Sociedade Brasileira de Computação).

BRASIL. Lei n. 13.709, de 14 de agosto de 2018. **Diário Oficial da União**, Poder Legislativo, Brasília, DF, 15 ago. 2018. Disponível em: <http://www.planalto.gov.br/ccivil_03/_ato2015-2018/2018/lei/L13709.htm>. Acesso em: 28 jan. 2021.

CASTELLS, M. **A sociedade em rede**. Tradução de Roneide Venâncio Majer. 6. ed. rev. e ampl. São Paulo: Paz e Terra, 1999. (Série A Era da Informação: Economia, Sociedade e Cultura).

CETIC – Centro Regional de Estudos para o Desenvolvimento da Sociedade da Informação. **TIC domicílios:** 2018 – indivíduos. 2018. Disponível em: <https://cetic.br/pt/tics/domicilios/2018/individuos/>. Acesso em: 28 jan. 2021.

EDUARDO, C. **Convertendo um layout fixo para fluido.** 5 abr. 2015. Disponível em: <https://www.kadunew.com/blog/web-design/convertendo-um-layout-fixo-para-fluido>. Acesso em: 28 jan. 2021.

FORD, R.; WIEDEMANN, J. **Web Design**: the Evolution of the Digital World 1990 – Today. Köln: Taschen Books, 2019.

GOOGLE. **Sobre tamanhos comuns para anúncios responsivos de display.** Disponível em: <https://support.google.com/google-ads/answer/7031480?hl=pt-BR&ref_topic=3121943>. Acesso em: 28 jan. 2021.

GUIA de formatos e tamanho de imagens para usar nas redes sociais em 2020. Disponível em: <https://www.marketingnasredessociais.com.br/tamanho-de-imagens-e-videos-para-redes-sociais/>. Acesso em: 28 jan. 2021.

GUILHERME, G., AGRELA, L. 20 anos depois da bolha da internet, as sobreviventes viraram trilionárias. **Exame**, 11 mar. 2020. Disponível em: <https://exame.com/tecnologia/vinte-anos-depois-da-bolha-da-internet-as-sobreviventes-viraram-trilionarias/>. Acesso em: 28 jan. 2021.

IHC2019. **Tópicos de interesse**. Disponível em: <https://ihc2019.ufes.br/chamada_topicos.php?lang=pt-BR>. Acesso em: 28 jan. 2021.

ISO – International Organization for Standardization; IEC – International Electrotechnical Commission. **International Standard ISO/IEC 15445**. 2000. Disponível em: <https://www.scss.tcd.ie/misc/15445/15445.HTML>. Acesso em: 28 jan. 2021.

KRISTOL, D.; MONTULLI, L. **HTTP State Management Mechanism**. Feb. 1997. Disponível em: <https://www.rfc-editor.org/rfc/pdfrfc/rfc2109.txt.pdf>. Acesso em: 28 jan. 2021.

KRISTOL, D.; MONTULLI, L. **HTTP State Management Mechanism**. Oct. 2000. Disponível em: <https://www.rfc-editor.org/rfc/rfc2965.html>. Acesso em: 28 jan. 2021.

MARCOTTE, E. **Responsive Web Design**. 25 May 2010. Disponível em: <http://alistapart.com/article/responsive-web-design/>. Acesso em: 28 jan. 2021.

MARINHO, C. F. R. **Fundamentos de web design e formatação de imagem**. Manaus: CETAM, 2012.

MARTINO, L. M.S. **Teoria das mídias digitais**: linguagens, ambientes e redes. 2. ed. Petrópolis: Vozes, 2015.

MATSUURA, S. World Wide Web completa 30 anos e seu criador quer consertá-la. **O Globo**, 11 mar. 2019. Disponível em: <https://oglobo.globo.com/economia/tecnologia/world-wide-web-completa-30-anos-seu-criador-quer-conserta-la-23513951>. Acesso em: 28 jan. 2021.

NIC.BR – Núcleo de Informação e Coordenação do Ponto BR. **Sobre o NIC.br**. Disponível em: <https://nic.br/quem-somos/>. Acesso em: 28 jan. 2021a.

NIC.BR – Núcleo de Informação e Coordenação do Ponto BR. Regras do domínio. **Registro.br**. Disponível em: <https://registro.br/dominio/regras/>. Acesso em: 28 jan. 2021b.

NIC.BR – Núcleo de Informação e Coordenação do Ponto BR. Categorias de domínios .br (DPNs). **Registro.br**. Disponível em: <https://registro.br/dominio/categorias/>. Acesso em: 28 jan. 2021c.

OLIVEIRA, W. **O universo da programação**: um guia de carreira em desenvolvimento de software. São Paulo: Casa do Código, 2018.

O'REILLY, T. **What Is Web 2.0**: Design Patterns and Business Models for the Next Generation of Software. 30 Sept. 2005. Disponível em: <https://www.oreilly.com/pub/a//web2/archive/what-is-web-20.html>. Acesso em: 28 jan. 2021.

OS 4 PRINCÍPIOS do design: saiba como aplicar hoje mesmo! Disponível em: <https://blog.imprimarapido.com.br/principios-do-design>. Acesso em: 28 jan. 2021.

PAZ, M. de S. D. **A web 2.0, produção colaborativa e commons**: estudo de caso do YouTube. 145 f. Dissertação (Mestrado em Comunicação) – Universidade Federal da Bahia, Salvador, 2010. Disponível em: <https://repositorio.ufba.br/ri/bitstream/ri/23553/1/disserta%C3%A7%C3%A3o_MonicaPaz_2010_UFBA.pdf>. Acesso em: 28 jan. 2021.

PEZZOTTI, R. Com 3,9 bilhões de usuários no mundo, o que acontece na web em um minuto? **Uol**, 1º abr. 2019. Disponível em: <https://economia.uol.com.br/noticias/redacao/2019/04/01/com-39-bilhoes-de-usuarios-no-mundo-o-que-acontece-na-web-em-um-minuto.htm?cmpid=copiaecola>. Acesso em: 28 jan. 2021.

POP-UP Ads Creator Ethan Zuckerman: 'I'm Sorry'. **NBC News**, 15 Aug. 2014. Disponível em: <https://www.nbcnews.com/tech/tech-news/pop-up-ads-creator-ethan-zuckerman-im-sorry-n182096>. Acesso em: 28 jan. 2021.

RECUERO, R. **Redes sociais na internet**. Porto Alegre: Sulina, 2009. (Coleção Cibercultura).

RIBEIRO, O. B.; VIDOTTI, S. A. B. G. Otimização do acesso à informação científica: discussão sobre a aplicação de elementos da arquitetura da informação em repositórios digitais. **Biblos**, Rio Grande, v. 23, n. 2, p. 105-116, 2009. Disponível em: <https://www.seer.furg.br/biblos/article/view/1309/593>. Acesso em: 28 jan. 2021.

SBC – Sociedade Brasileira de Computação. **Interação humano-computador**. 10 nov. 2020. Disponível em: <https://www.sbc.org.br/14-comissoes/390-interacao-humano-computador>. Acesso em: 28 jan. 2021.

SEHN, L. R. **Web design**: conceitos introdutórios. Porto Alegre: Simplíssimo, 2018.

SILVA, M. S. **Web design responsivo**: aprenda a criar sites que se adaptam automaticamente a qualquer dispositivo, desde desktops até telefones celulares. São Paulo: Novatec, 2014.

SOUZA, D. C. de; AMARAL, F. Cookies e publicidade comportamental estão na mira da proteção de dados. **Conjur**, 22 fev. 2020. Disponível em: <https://www.conjur.com.br/2020-fev-22/opiniao-cookies-publicidade-mira-protecao-dados>. Acesso em: 28 jan. 2021.

STATCOUNTER. Desktop Browser Market Share Worldwide: Dec 2009 – Dec 2020. 2020. Disponível em: <https://gs.statcounter.com/browser-market-share/desktop/worldwide/#monthly-200901-202004>. Acesso em: 28 jan. 2021.

TAI, H. **Design**: conceitos e métodos. São Paulo: Blucher, 2018.

TANENBAUM, A. S. **Redes de computadores**. Tradução de Vandenberg D. de Souza. 4. ed. Rio de Janeiro: Campus, 2003.

TELES, R. **Design flat vs skeumorfismo sob uma perspectiva analítica**. 23 mar. 2016. Disponível em: <https://medium.com/@ruanteles/design-flat-vs-skeumorfismo-sob-uma-perspectiva-anal%C3%Adtica-d401bf1e5906>. Acesso em: 28 jan. 2021.

TEIXEIRA, F. **Introdução e boas práticas em UX Design**. São Paulo: Casa do Código, 2014.

UFF – Universidade Federal Fluminense. **Nem tudo que parece é**: entenda o que é plágio. 2010. Disponível em: <https://drive.google.com/uc?export=download&id=1dBii8kqUFSrzfirz_q9nh_FdN8Txmbf2>. Acesso em: 28 jan. 2021.

UNIÃO EUROPEIA. Parlamento Europeu. Regulamento 2016/679, de 27 de abril de 2016. **Jornal Oficial da União Europeia**, 4 maio 2016. Disponível em: <https://eur-lex.europa.eu/legal-content/PT/TXT/PDF/?uri=CELEX:32016R0679&from=PT>. Acesso em: 28 jan. 2021.

VALENTE, J. Brasil tem 134 milhões de usuários de internet, aponta pesquisa: a maioria acessa a internet pelo celular. **Agência Brasil**, 26 maio 2020. Disponível em: <https://agenciabrasil.ebc.com.br/geral/noticia/2020-05/brasil-tem-134-milhoes-de-usuarios-de-internet-aponta-pesquisa>. Acesso em: 28 jan. 2021.

WILLIAMS, R. **Design para quem não é designer**: noções básicas de planejamento visual. Tradução de Laura Karin Gillon. São Paulo: Callis, 2005.

W3C – World Wide Web Consortium. **Tim Berners-Lee**. 18 Sept. 2020. Disponível em: <https://www.w3.org/People/Berners-Lee/>. Acesso em: 28 jan. 2021.

W3C – World Wide Web Consortium. **Browsers, Media players**. Disponível em: <https://www.w3.org/standards/agents/browsers>. Acesso em: 28 jan. 2021a.

W3C – World Wide Web Consortium. **Making the Web Accessible**: Strategies, Standards, and Supporting Resources to Help You Make the Web More Accessible to People with Disabilities. Disponível em: <https://www.w3.org/WAI/>. Acesso em: 28 jan. 2021b.

W3C BRASIL – World Wide Web Consortium Brasil. Disponível em: <https://www.w3c.br/Home/WebHome/>. Acesso em: 28 jan. 2021a.

W3C BRASIL – World Wide Web Consortium Brasil. **Diretrizes de Acessibilidade para Conteúdo Web (WCAG) 2.0**. 24 Out. 2014. Disponível em: <https://www.w3.org/Translations/WCAG20-pt-br/WCAG20-pt-br-20141024/>. Acesso em: 28 jan. 2021.

W3C BRASIL – World Wide Web Consortium Brasil. **Padrões**. Disponível em: <https://www.w3c.br/Padroes/>. Acesso em: 28 jan. 2021b.

W3C BRASIL – World Wide Web Consortium Brasil. **Sobre o W3C**. Disponível em: <https://www.w3c.br/Sobre/>. Acesso em: 28 jan. 2021c.

W3SCHOOLS. Disponível em: <https://www.w3schools.com/>. Acesso em: 28 jan. 2021a.

W3SCHOOLS. **Color Psychology**. Disponível em: <https://www.w3schools.com/colors/colors_psychology.asp>. Acesso em: 28 jan. 2021b.

W3SCHOOLS. **CSS Reference**. Disponível em: <https://www.w3schools.com/cssref/default.asp>. Acesso em: 28 jan. 2021c.

W3SCHOOLS. **HTML Element Reference**. Disponível em: <https://www.w3schools.com/tags/default.asp>. Acesso em: 28 jan. 2021d.

W3SCHOOLS. **HTML Global Attributes**. Disponível em: <https://www.w3schools.com/tags/ref_standardattributes.asp>. Acesso em: 28 jan. 2021e.

W3SCHOOLS. **HTML Layout Elements and Techniques**. Disponível em: <https://www.w3schools.com/html/html_layout.asp>. Acesso em: 28 jan. 2021f.

W3SCHOOLS. **HTML Responsive Web Design**. Disponível em: <https://www.w3schools.com/html/html_responsive.asp>. Acesso em: 28 jan. 2021g.

Sobre
a **autora**

Mônica Paz é bacharel em Ciência da Computação pela Universidade Federal da Bahia (UFBA), mestre e doutora em Comunicação e Cultura Contemporâneas, na linha de pesquisa sobre cultura digital, pela mesma instituição. É especialista em Segurança da Informação pela Universidade Estácio de Sá (Unesa). Tem experiência em docência nos cursos de nível técnico, graduação e pós--graduação em Comunicação e em Tecnologia da Informação. Atuou como docente no Centro Universitário Estácio da Bahia, no Senai Bahia e na Superintendência de Educação a Distância da UFBA. Atualmente, é tutora *on-line* da Universidade do Estado da Bahia (Uneb) e professora conteudista em instituições privadas de ensino.

✶

Os livros direcionados ao campo do *design* são diagramados com famílias tipográficas históricas. Neste volume foram utilizadas a **Caslon** – desenhada pelo inglês William Caslon em 1732 e consagradada por ter sido utilizada na primeira impressão da Declaração de Independência Americana – e a **Helvetica** – criada em 1957 por Max Miedinger e Eduard Hoffmannm e adotada, entre outros usos, no logotipo de empresas como a NASA, a BBC News e a Boeing.

Impressão:
Fevereiro/2021